# 멕시코

MEXICO

# 멕시코

## M E X I C O

러셀 매딕스 지음 | 이정아 옮김

세계의 **풍습과 문화**가
궁금한 이들을 위한
**필수 안내서**

시그마북스
Sigma Books

# 세계 문화 여행 _ 멕시코

**발행일**  2023년 4월 10일 개정판 1쇄 발행

**지은이**  러셀 매딕스

**옮긴이**  이정아

**발행인**  강학경

**발행처**  시그마북스

**마케팅**  정제용

**에디터**  최연정, 최윤정

**디자인**  강경희, 김문배

**등록번호**  제10-965호

**주소**  서울특별시 영등포구 양평로 22길 21 선유도코오롱디지털타워 A402호

**전자우편**  sigma@spress.co.kr

**홈페이지**  http://www.sigmabooks.co.kr

**전화**  (02) 2062-5288~9

**팩시밀리**  (02) 323-4197

**ISBN**  979-11-6862-125-1 (04900)

       978-89-8445-911-3 (세트)

# 멕시코전도

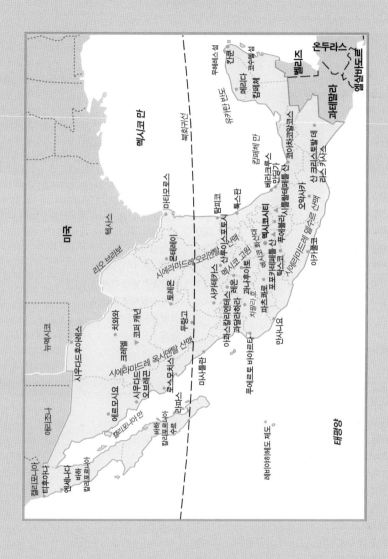

# 차   례

라틴아메리카에서 세 번째로 큰 나라로 약 1억 2,900만 명이 살고 있는 멕시코는 엄청나게 다양하다. 지역마다 다르고 사회경제적으로 큰 격차가 나는 멕시코에는 시간이 멈춰버린 것 같은 시골 오지와 세계에서 가장 인구밀도가 높고 맹렬하며 흥미진진한 멕시코시티 같은 혼돈스러운 도심이 공존한다.

잘 보존된 고고학 유적지와 자갈이 깔린 멋진 식민지 도시들 그리고 태평양과 대서양 연안의 아름다운 해변으로 유명한 멕시코는 매혹적인 여행지다. 치와와에서 코퍼 캐년 열차를 타거나 바하칼리포르니아에서 고래를 구경하거나 남부 깊숙이 자리한 밀림으로 뒤덮인 마야 신전까지 걸어가는 등 멕시코를 찾는 이들은 점점 늘어나고 있다. 마약상이나 이민을 둘러싼 미국과의 갈등과 관련해 부정적인 보도가 잇따르는데도 말이다. 물론 이러한 일들이 실제로 일어나고 있긴 하지만 이 나라가 사회적으로나 경제적으로 큰 변화를 겪고 있다는 점을 감안해 좀 더 광범위한 맥락에서 이 문제를 봐야 한다.

격동의 역사와 풍성한 문화유산과 음식 전통을 지닌 이 복잡하고 매력적인 나라는 유럽 문명과 콜럼버스 이전 시대의 문명들이 처음으로 충돌한 곳이기도 하다. 1519년에 스페인 정복자 에르난 코르테스와 아스텍 황제 목테수마 2세가 만난 이후 스페인이 본격적으로 저지른 참사의 영향은 오늘날까지도 이어져 인종과 국가 정체성을 인식하는 멕시코 사람들의 태도에서도 드러난다.

『세계 문화 여행_멕시코』는 매운 음식과 서부 영화에 나오는 챙이 넓은 모자, 그리고 마리아치 음악으로 굳어진 고정관념을 뛰어넘도록 멕시코 사회의 심장부로 안내해 준다. 이 책은 멕시코 사람들의 역동적인 일상, 그들이 가장 중요하게 여기는 가족, 매년 이어지는 가톨릭 축일과 축제, 그리고 멕시코 사람들이 친구를 사귀고 이성을 만나는 법 등을 자세히 담고 있다. 또한 어떻게 메뉴를 결정할지 그리고 어떤 맛있는 음식을 먹어봐야 하는지를 알려주고 현지 술인 테킬라와 메스칼의 차이점과 식사를 마쳤을 때 팁을 주는 방법까지 조언해 준다. 아울러 안전한 여행을 위한 정보와 여행에 가장 적합한 교통수단을 알려준다. 사업을 목적으로 멕시코를 찾는 이들을 위해서 멕시코 경제, 일반적인 기업문화, 그리고 현지 기업 환경에서 성공하는 비결 등을 제시한다.

그 외에도 멕시코의 복면 레슬러들을 만나고 멕시코의 영혼을 드러내준 옥타비오 파스, 후안 룰포, 라우라 에스키벨 같은 작가들과 멕시코 영화의 새로운 황금기를 열어준 알레한드로 곤살레스 이냐리투, 알폰소 쿠아론, 기예르모 델 토로 같은 영화감독들도 소개한다.

멕시코에서는 보통 사람들도 스페인 정복 이전 시대의 문명과 멕시코의 독립 영웅들 그리고 독특한 음악 전통과 전 세계에서 높이 평가받는 매콤한 음식에 자부심을 느끼고 있기 때문에 이들의 문화는 여전히 아주 독특하다. 『세계 문화 여행_멕시코』는 자긍심이 높고 영적이며 축제를 사랑하고 반항적이며 역동적이고 운명론을 따르며 재미를 추구하고 음식에 목매며 굉장히 창의적인 멕시코 사람들과 그들이 집이라고 부르는 특별한 나라로 안내해 준다.

# 기본정보

| 공식 명칭 | 멕시코 합중국 | 31개 주와 멕시코시티로 이루어진 연방공화국 |
|---|---|---|
| 인구 | 1억 2,845만 5,567명(2023년) | |
| 수도 | 멕시코시티 | |
| 주요 도시 | 과달라하라, 몬테레이, 푸에블라, 티후아나 | |
| 면적 | 197만 2,550km²(한반도의 약 9배) | 라틴아메리카에서 세 번째로 큰 나라 |
| 위치 | 북쪽으로는 미국, 남쪽으로는 과테말라, 벨리즈와 국경을 접하고 있으며 서쪽은 태평양, 동쪽은 멕시코 만에 면한다. | 생물학적으로 다양한 지역 |
| 기후 | 아열대 기후, 건기 12월~4월/5월, 우기 6월~11월, 6월 평균고온 27℃, 1월 평균저온 21℃ | |
| 인종 구성 | 메스티소(스페인계와 원주민 혼혈) 64%, 원주민 14%, 유럽 혈통 8%, 아프리카계 멕시코인 1.2%, 아시아계 1%, 아랍계 1%, 미국계 1%(2015년) | |
| 평균수명 | 76세(남자 73.1세, 여자 78.9세)(2020년) | |
| 영아사망률 | 정상출산아 1,000명당 12.5명(2015년) | |
| 언어 | 주요 언어 스페인어 | 68개 현지어 |
| 식자율 | 94.4%(2015년 유네스코) | |
| 종교 | 가톨릭(89%), 개신교(6%), 기타(5%) | |
| 정부 | 6년마다 대통령을 뽑는 연방공화국 | 양원제 : 상원, 하원 |

| 언론 | <레포르마>와 <라 호르나다>를 비롯해 수백 종의 신문이 있다. 선정적인 타블로이드 신문들도 있다. |
|---|---|
| 텔레비전 | 주요 도시와 관광지에서 유선방송, 위성방송, 넷플릭스를 이용할 수 있다. |
| 통화 | 멕시코 페소(MXN, Mex$). 1페소는 100센타보 |
| 1인당 GDP | 약 1만 45달러(2021년) |
| 전압 | 110V, 60Hz |
| 인터넷 도메인 | .mx |
| 비디오/DVD | NTSC.DVD Zone 4 |
| 전화 | 국가번호 52 |
| 시간대 | 우리나라보다 15시간 느림 |

# 01

## 영토와 국민

멕시코는 북아메리카를 이루고 있는 나라들 중에서 가장 작지만 라틴아메리카에서는 브라질과 아르헨티나에 이어 세 번째로 큰 나라다. 면적은 대략 미국 텍사스 주 면적의 3배이자 영국의 8배에 달한다. 멕시코는 라틴아메리카에서 생물권보전지역이 가장 많은 곳으로, 독특하면서도 훼손되기 쉬운 생태계 중 41곳이 유네스코의 보호를 받고 있다.

## 지리적 정보

멕시코는 북아메리카를 이루고 있는 나라들 중에서 가장 작지만 라틴아메리카에서는 브라질과 아르헨티나에 이어 세 번째로 큰 나라다. 멕시코의 국토 면적은 197만 2,550km²로 한반도 면적의 약 9배에 달한다. 멕시코는 동쪽으로 멕시코 만과 카리브해에 접해 있고 서쪽으로 캘리포니아 만과 태평양에 맞닿아 있다. 또한 북쪽으로는 미국의 캘리포니아, 애리조나, 뉴멕시코, 그리고 텍사스 주와 맞닿아 있고 남쪽으로는 과테말라 등 중앙아메리카 국가들과 접해 있으며 남동쪽으로는 벨리즈와 면해 있다.

멕시코에서 가장 큰 강인 리오 브라보(미국에서는 리오 그란데라고 부른다)는 텍사스와 국경을 맞대고 있으며 멕시코 만으로 흘러들어간다. 가장 큰 규모의 미국인 거주지가 있는 할리스코 주에는 멕시코에서 가장 큰 호수인 차팔라 호가 있다.

멕시코는 북회귀선에 자리하고 있고 지형이 굉장히 다양하다. 북쪽의 소노라 사막과 치와와 사막에는 매우 건조한 관목지가 드넓게 펼쳐져 있고, 중부에는 온화한 산악지대가 뻗어 있으며, 멕시코 만 연안에는 습지와 주기적으로 물에 잠기는 평지가 자리하고 있고, 유카탄 반도에는 지하 강과 세노테 우물*이 있으며, 남동쪽에 자리한 치아파스 주에는 열대우림이

---

\* 마야어로 석회암 우물을 뜻함─옮긴이

우거져 있다.

멕시코 고원 중앙부에는 세계에서 가장 큰 광역도시권에 속하는 멕시코시티가 자리하고 있다. 산악지대 중앙의 양옆으로는 2개의 장엄한 산맥이 버티고 있다. 동쪽 산맥은 시에라마드레 오리엔탈이고 서쪽 산맥은 멕시코의 그랜드캐넌으로 불릴 정도로 험준한 코퍼 캐넌이 자리하고 있는 시에라마드레 옥시덴탈이다.

남쪽에 자리한 멕시코 화산대는 눈 덮인 화산 봉우리들로 유명하다. 활화산인 포포카테페틀 산은 5,426m로 멕시코에서 두 번째로 높아 스모그가 없는 날에는 북서쪽으로 70km가량 떨어진 멕시코시티에서도 선명하게 보일 정도다. 멕시코에서 가장 활발한 화산인 포포카테페틀 산은 지난 몇 년 새 여러 차례 분출했다.

셰익스피어의 비극 『로미오와 줄리엣』과 아주 비슷한 아스텍 전설에 따르면, 근처에 자리한 이스탁시우아틀(나우아틀어로 '하얀 여자'라는 뜻) 화산은 전사 포포카테페틀과 사랑에 빠졌다가 그가 전장에서 전사했다는 잘못된 소식을 전해 듣고 스스로 목숨을 끊은 처녀라고 한다. 이스탁시우아틀의 4개의 화산 뿔은 높이가 5,230m에 달하는데, 주민들 말에 따르면 이들 화산 뿔의 윤곽이 잠자는 여자와 닮았다고 한다. 또한 포포카테페틀 화산의 맹렬한 분출은 하나뿐인 애인을 잃은 용맹한 전사의 분노라고 한다.

휴화산인 시틀랄테페틀(오리사바 산으로도 불린다)은 높이가 5,636m로 멕시코에서 가장 높은 산이자 북아메리카에서 미국의 데날리 산(매킨리 산)과 캐나다의 로건 산에 이어 세 번째로 높은 산이다.

멕시코 화산대는 멕시코의 희귀종이자 멸종위기에 처한 귀한 전나무 자생지이기도 하다. 10월부터 3월까지 이 전나무 숲에는 겨울을 나기 위해 캐나다에서 2,500마일을 이동해 온 수억 마리의 제왕나비(다나우스 플렉시푸스)들이 머무른다. 자연

장관의 하나로 여겨지는 이들 제왕나비의 이동 덕분에 해마다 수많은 동식물학자들과 관광객들이 찾아오는 미초아칸 주의 이 전나무 숲은 이제 제왕나비 생물권보전지역으로 지정돼 보호받는다.

멕시코는 라틴아메리카에서 생물권보전지역이 가장 많은 곳으로, 독특하면서도 훼손되기 쉬운 생태계 중 41곳이 유네스코의 보호를 받고 있다. 바하칼리포르니아 중심부에 자리한 엘 비스카이노는 멕시코의 가장 큰 보호구역으로 오호 데 리에브레, 산이그나시오, 그리고 캘리포니아 만의 일부 등 고래가 새끼를 낳는 지역이 포함돼 있다. 이 보호구역은 고래와 다른 해양생물을 볼 수 있는 세계 최고의 장소다. 유명한 해양탐험가 자크 쿠스토는 캘리포니아 만을 가리켜 '세계의 수족관'

이라고 했다. 수천 명의 관광객이 해마다 12월 중순에서 4월 중순까지 이어지는 고래 관광철에 회색고래, 청고래, 향유고래, 고래상어 그리고 돌고래를 보기 위해 이곳을 찾는다.

유카탄 반도 남부의 퀸타나 루 주 아래쪽에 자리한 시안 카안 생물권보전지역은 유네스코 세계문화유산으로 지정됐다. 이 구역에는 홍수림과 열대림은 물론이고 호주의 유명한 대보초보다 더 풍부하고 다양한 해양생물 서식지인 메소아메리카 산호초지대에 접근 가능한 연안까지 포함돼 있다.

## 기후

멕시코의 기온은 위치와 고도에 따라 상당히 다를 수 있다. 북부에는 뜨겁고 건조한 사막이 펼쳐져 있고 고산 계곡에는 눈과 얼음이 있으며 고도가 높은 중앙 고원의 기후는 서늘하고 치아파스에는 덥고 습한 열대림이 빼곡하며, 멕시코 만 지역의 늪지대는 덥고 끈적끈적하고, 해안지대는 1년 내내 따뜻한 날씨가 이어진다.

계절은 인비에르노(겨울)라고 하는 12월부터 4월까지 이어지는 건기와 베라노(여름)라고 불리는 5월부터 11월까지 이어지는 우기로 나뉜다. 가장 더운 달은 5월과 6월이며 가장 궂은 달은 6월 말부터 11월까지 이어지는 허리케인 철과 일치한다.

멕시코시티의 기온은 따뜻한 낮 시간대에는 12월에 최고 22℃, 6월에 27℃까지 오르고, 밤 시간대 기온은 12월에 최저 6℃, 6월에 12℃ 정도다.

## 인구

멕시코는 종종 혼혈을 뜻하는 스페인어 메스티사헤를 따서 메스티소* 나라로 설명되곤 한다. 연구자들에 따르면 멕시코 인구의 64%가량이 메스티소로 확인되지만 이 나라의 인종 실체는 통계 수치보다 훨씬 더 미묘한 어감을 담고 있어서 대다수 멕시코 사람들은 그냥 멕시코인으로 불리는 것을 선호한다. 일례로, 국가의 승인을 받은 62개의 아메리카 원주민 집단이 인구의 14% 정도 차지하지만, 2015년에 실시한 인구조사에 따르면 조사 대상자의 21%가 스스로를 토착민이라고 밝혔다. 고

---

* 중남미 원주민과 스페인계나 포르투갈계 백인의 혼혈을 뜻함—옮긴이

대 아스텍의 언어인 나우아틀어
를 쓰는 사람들이 거의 200만에
달하고, 유카텍 마야어를 쓰는
이들은 100만에 이르며, 50만이
사포텍어를 쓰고, 같은 수의 사
람들이 믹스텍어를 사용한다.

최근에 아프리카계 멕시코인
을 인구조사에 포함시킴에 따라
오악사카 연안 지역의 코스타 치카와 베라크루스 인근에 자리
한 만딩가와 모잠비크 같은 도회지에서 중요한 공동체를 이루
며 인구의 약 1.2%를 차지하고 있는 아프리카 노예들의 후손
이 멕시코에서 처음으로 인정을 받은 셈이다.

멕시코인은 아직도 아랍 사람이면 기독교도든 무슬림이든
무조건 '투르코(터키인)'라고 부른다. 이는 제1차 세계대전 전후
에 많은 레바논의 그리스도교도가 쓰러져가던 오스만 제국을
떠나 멕시코로 건너왔을 때 생긴 유산이다. 레바논 사람들은
수적인 열세(약 40만 명)에도 상업과 전문 직종에서 강한 존재감
을 드러낸다. 유명한 레바논계 멕시코인 중에는 세계 최고의
부자로 꼽히는 카를로스 슬림과 할리우드에서 배우와 제작자

로 활동 중인 살마 아예크가 있다.

중국인 공동체는 19세기에 설립되었다. 멕시코시티에는 대규모 차이나타운이 형성돼 있다. 멕시칼리*에 있는 또 다른 차이나타운은 멕시코에서 광둥식 요리를 파는 식당들이 가장 많이 밀집돼 있는 곳으로 유명하다.

푸른 눈과 금발로 대표되는 독일과 네덜란드의 메노파교도 사회는 작은 규모지만 아과스칼리엔테스, 치와와, 두랑고, 그리고 사카테카스 같은 주들에서 문화적으로 독특한 농업 공동체로 자리 잡았다. 라틴아메리카에서 가장 큰 메노파교도 사회는 치와와의 시우다드 쿠아우테모크에 자리하고 있다.

## 지방

멕시코는 31개 주와 수도 및 특별 행정지구를 상징하는 1개의 연방구로 이루어진 연방공화국이다. 2018년에 데에페라는 약자로 더 많이 알려진 이 연방구는 공식적으로 시우다드 데 멕시코(멕시코시티)로 대체되어 각 주에 주어진 자치권의 상당

---

* 멕시코 북서부에 자리한 바하칼리포르니아 주의 주도―옮긴이

부분을 갖게 될 것이다. 수도 쇄신 작업은 광고판에 멕시코시티의 새로운 약자 CDMX를 널리 전시하면서 이미 시작됐다고 볼 수 있다. 택시들 또한 멕시코시티의 새로운 색깔에 맞게 분홍색과 흰색으로 탈바꿈했다. 전통적으로 '칠랑고스(멕시코 사람들)'나 '데페뇨스(연방구 사람들)', 또는 빈정대는 투로 '데펙투오소스(결함자들)'라고도 불리는 멕시코시티 거주민들 또한 '멕시케뇨스(멕시코 시 사람들)'라는 새로운 이름을 갖게 될 것이다. 그런데 이 명칭을 '멕시코 주 출신'을 뜻하는 '멕시켄세스'나 '멕시카노스(멕시코 사람들)'와 혼동해서는 안 된다.

## 간추린 역사

장대하고도 놀라운 격동의 멕시코 역사는 방대하고 유구한 세월에 걸쳐 있다. 그래서 최초의 유목민이자 매머드 사냥꾼들이 이 땅에 도착한 사연, 콜럼버스가 아메리카 대륙을 발견하기 이전 시대의 흥망성쇠, 스페인 사람들에게 정복당한 아스텍 문명, 독립 투쟁, 외국 군대의 개입, 미국에게 영토를 잃음, 멕시코 혁명, 그리고 근대 민주주의 건설 같은 사건들을 간략하게 설명할 수밖에 없다. 아주 짧게나마 멕시코의 다채로운 역사를 훑어보려면 멕시코시티에 자리한 국립궁전의 계단을 아름답게 장식하고 있는 디에고 리베라의 거대한 벽화만큼 좋은 게 없다.

【 최초의 아메리카 원주민 】

아메리카 대륙에 언제부터 사람이 살았는지에 대해 예부터 전해 내려온 설에 따르면, 약 1만 2000년 전 마지막 빙하기에 수렵·채집인 무리가 시베리아에서 베링 해협을 건너왔다고 한다. 그러나 플로리다에서 발견된 석기를 통해 새롭게 시대를 추정한 결과 아메리카 대륙에 적어도 1만 4500년 전에 인간이 살았다고 한다. 더구나 일부 고고학자들은 인간의 거주시기를 그보다 훨씬 이전인 4만 5000년 전으로 추정했다. 지금까지 발견된 초기 아메리카 원주민의 가장 완벽한 뼈대는 학자들이 나이아라고 이름붙인 10대 소녀의 것이다. 보전 상태가 좋은 그녀의 두개골과 뼈대는 1만 2000~1만 3000년 전의 것으로 추정된다. 이들 해골은 유카탄 반도의 오요 네그로(검은 구멍)라는 이름의 수중 동굴에서 검치호랑이, 땅나무늘보, 동굴곰 같은 플라이스토세 때의 포유동물들과 함께 발견되었다. 팔레오

인디언*으로도 알려진 초기 아메리카인은 콜롬비아 매머드 같은 거대한 포유동물이 9000년 전에 남획과 기후변화 탓에 멸종할 때까지 그 동물들을 사냥하며 살았다. 멕시코시티 주변에서 50여 마리의 매머드 뼈가 발굴되었다.

약 1만 년 전에 테오신테로 불리는 식물을 통해 옥수수(학명 지아메이스Zea mays)를 재배하게 된 이후 메소아메리카(중앙아메리카)에서 여러 중요한 문명이 생겨났다. 메소아메리카는 멕시코 중부에서 중앙아메리카의 니카라과와 코스타리카까지 이어지는 문화지역이었다.

## [ 형성기 ]

메소아메리카에 처음으로 출현한 대규모 집단은 올멕인이었다. 이들은 기원전 1800~400년 사이에 산로렌소, 라벤타, 라구나, 데 로스 세로스, 그리고 멕시코 연안에 자리한 트레스 사포테스 같은 도시와 제사 중심지에 정착했다. 올멕인은 신을 숭배하기 위해 흙 피라미드를 세우고, 전사왕들의 두상을 돌에 불가사의한 모양으로 조각하고, 계급을 구별하기 위해 두개골을 변형했으며, 멀리 떨어진 중앙아메리카의 다른 집단과 비

---

* 플라이스토세 때 절멸한 아시아계 수렵 민족-옮긴이

취옥 및 사문석을 교역하고, 반인반수의 재규어 신을 모셨다. 때때로 메소아메리카의 모문화로 설명되는 올멕 문명은 천체 관측에 기초한 복잡한 달력을 사용했으며 신에게 피의 제물을 바쳤던 것으로 추정된다. 상형문자 비문이 일부 남아 있긴 하지만 초창기 올멕인의 신앙이나 사회 구조를 훤히 꿰게 해 줄 만한 수준은 아니다. 이들의 이름조차 후기 아스텍인들이 멕시코 연안 지역에 살던 동시대 사람들을 올메카(고무나무가 자라는 곳에서 사는 이들)라고 부른 데서 유래한 것이다. 베라크루스에 위치한 엘 마나티의 올멕 유적지에서 발굴된 3000년 묵은 고무공은 올멕인이 메소아메리카식 구기 경기를 했다는 것과 두 팀이 의례적으로 치른 이러한 대결이 중요한 종교 의식이었다는 것을 보여준다.

【 고전기 이전 시대와 고전기 】

기원전 150년경부터 기원후 150년까지 고전기 이전 시대가 끝나갈 무렵에 현대의 멕시코 계곡에 자리한 오악사카와 테오티우아칸에 사포텍 문명의 몬테 알반 같은 중요한 도시국가들이 생겨났다. 기원후 250~900년까지 이어진 고전기에는 팔렝케, 욱스말, 치첸이트사처럼 전사 족장들이 통치하는 도시국가에

자리한 현대의 멕시코, 과테말라, 그리고 온두라스 지역 전역
에서 마야 문명이 절정을 이루었다.

## 테오티우아칸

흙 피라미드와 제의 광장으로 대표되는 이 인상적인 도시가
절정기를 맞았을 때 그 인구는 약 20만 명에 달했다. 하지만
자세한 정보를 가늠할 상형문자 비문이 전혀 없기 때문에 이
도시를 통치했던 이들에 대해 알려진 게 거의 없다. 이름 자
체도 도시가 불타고 버려진 후 수백 년이 지나서 이곳을 찾은
아스텍인들에게서 유래됐다. 아스텍인들은 이 도시국가가 건
설한 건축물의 놀라운 규모에 크게 감명을 받아서 이곳에 나

우아틀어로 '신의 탄생지'를 뜻하는 테오티우아칸이라는 이름을 붙였다. 태양의 피라미드는 아메리카 대륙에서 가장 큰 피라미드 구조물인데 케찰코아틀(깃털이 달린 뱀) 피라미드 아래에서 발견된 터널 덕분에 그곳에서 치러지던 종교 의식이 새롭게 조명을 받고 있다.

## 마야

멕시코 남부와 온두라스 그리고 과테말라에서 번성했던 마야의 인구밀집지역들은 고대 그리스의 도시국가들처럼 공통의 문화를 공유했다. 이와 같은 문화에는 거대한 만신전, 천체 관측에 기초한 복잡한 달력, 0을 사용하는 고등수학 체계, 그리고 정교한 상형문자 체계 등이 있었다. 전사왕들이 이런 도시국가들을 통치했는데 이들을 기리는 표석에는 왕조의 계보와 정복전쟁 그리고 인간 제물이 열거돼 있다. 치아파스 주에 위치한 마야의 도시 보남팍에 있는 화사한 색깔의 벽화에는 사혈 의식과 포로가 된 왕들을 제물로 바치는 모습이 담겨 있다. 기원후 790년 무렵의 것으로 추정되는 이들 벽화는 기후변화와 흉년 그리고 지속 불가능한 인구 때문에 마야의 도시국가들이 몰락해 가는 종말의 시작을 알려준다.

【 고전기 이후 시대 】

현재의 툴라* 지역에 정착한 한 무리가 있었으니 바로 군국주
의 색채가 강한 톨텍인이었다. 톨텍인이 만든 피라미드의 특
징은 전사들이 창 발사기를 들고 서 있는 모습이 그려져 있다
는 점이다. 이들은 또한 기원후 약 800년부터 1000년까지 무
역 왕국을 수립했다. 고고학자들도 아직까지 설명하지 못하고
있는 톨텍의 영향력은 1,300km나 떨어진 마야의 도시 치첸이
트사의 고전기 이후 시기 건축물에서도 드러난다. 그 가운데

* 멕시코시티 북쪽에 자리한 도시-옮긴이

에는 차크물로 불리는 앉아 있는 전사들의 석상과 톨텍인들이 케찰코아틀로 숭배했던 깃털이 달린 뱀 신 쿠쿨칸에게 바치는 중앙신전 엘 카스티요가 있다. 이와 같은 톨텍풍의 건축물은 기원후 900년경 치첸이트사 같은 마야 도시들이 짧게나마 부활했던 때와 겹친다.

이 시기에는 또한 유목생활을 하는 치치멕족이 멕시코 북부의 사막을 떠나 중부 지역에 도착했다. 이들 부족 중 하나였던 아스텍족은 이후 메소아메리카에서 역대 가장 강력한 제국을 건설한다.

## 아스텍족

멕시카족은 태양과 불과 인간 제물의 신 위칠로포치틀리의 예언을 따라서 조상 대대로 살아온 아스틀란의 고국을 떠나 수년 동안 이리저리 떠돌았다. 그러다가 우연히 테스코코 호수의 섬에 다다라서야 그동안 그토록 찾아 헤맸던 증표, 즉 선인장에 앉아 뱀을 먹는 독수리를 발견했다. 이어 이들은 1325년에 바로 그 자리에다 테노치티틀란이라는 도시를 세웠다. 어쨌든 이와 같은 전설이 전해져서 멕시코 국기에 이 독수리 문양이 들어가게 되었다.

실화에 따르면 멕시카족은 100년이 넘도록 다른 부족들과 싸움을 벌여 강력한 힘을 키워서 테스코코 호수 주변의 도시 국가들을 지배하며 독자적인 제국을 건설한 강대 부족에 종속된 처지였다. 이 방대한 무역 왕국은 산족에게 정복당하기 직전에 절정기를 누릴 때 니카라과와 코스타리카까지 세력을 뻗었다. 아스텍 종교의 바탕은 피를 몸 밖으로 빼내는(사혈) 의식이나 사람의 심장을 완전히 적출하는 방식으로 제물을 바치는 것이었다. 아스텍족은 태양의 신 위칠로포치틀리와 비의 신 틀라록이 피를 공급받아야 한다고 믿었다. 전사들은 독수리와 재규어의 모습으로 분장하고 이웃 국가들과 이른바 '꽃 전쟁'을 벌였다. 이 전쟁의 목적은 전장에서 적군을 죽이는 것이 아니라 테노치티틀란의 중심지에 위치한 어마어마한 돌 피라미드인 템플로 마요르의 꼭대기에서 심장을 도려내어 제물로 쓸 포로들을 잡아오는 것이었다.

자칫 테노치티틀란과 관련해 거대한 피라미드 계단을 피로 끈적이게 했던 사혈 의식만을 중요시하기 쉽다. 하지만 이 아스텍의 도시는 20만 명에 달하는

거주민들을 치남파로 불리는 독창적인 수상 농법으로 먹여 살린 경이로운 조직체였다. 지금도 멕시코시티의 교외에 자리한 소치밀코에 가면 얕은 물이나 습지에 밭을 만들어 경작하는 이러한 농법을 볼 수 있다.

아스텍 제국의 계급제에서 가장 높은 지위는 황제와 황족이었다. 그다음 계급은 성직자와 장수들이었다. 포츠테카(상인)가 중간계급을 형성했고 그 밑으로 기술자와 농업 및 건설 분야에 종사하며 식량과 생필품을 제공받는 나머지 주민들이 있었다. 당시에 화폐경제는 존재하지 않았다. 거래는 물물교환으로 이루어졌고 정복당한 국가들은 테노치티틀란에 물자를 조공으로 바쳐 자신들의 우두머리를 지킬 수 있었다.

## 【 스페인의 정복 】

600명으로 구성된 스페인 정복자들이 막강한 아스텍 제국을 정복한 일은 세계사의 주요 사건으로 꼽힌다. 구세계와 신세계가 충돌한 결과 유럽인들이 승리를 거두면서 아메리카의 선진문명이 갑자기 멈춰버렸다. 페루에서 잉카 제국을 정복했을 때처럼 아스텍 정복 또한 성능이 높은 스페인 사람들의 무기가 결정적인 역할을 했다. 스페인 정복자들은 전장에 총칼과 말은 물론 대포까지 동원했다. 하지만 이들 침략자들이 들이닥치기 전에 천연두와 인플루엔자 같은 구세계의 질병이 덮쳐 현지인들이 대량으로 죽어나가면서 방어 능력이 약화된 탓이 컸다. 잉카와 아스텍을 정복할 당시 군사작전 초기에 황제부터 붙잡는 스페인의 전략이 결정적이었다. 결국 소수의 군사로 방대한 영토를 정복할 수 있었던 비결은 반감을 품은 부족들과 중요한 동맹을 맺어 수천 명의 전사들을 확보한 데 있었다. 물론 현재의 멕시코 영토를 완전히 정복하는 데에는 150년이 걸렸지만 말이다.

## 【 코르테스와 목테수마 】

1519년 2월, 스페인 정복자 에르난 코르테스는 스페인이 지배

하고 있던 쿠바 섬을 떠나 멕시코 연안 지역으로 탐험에 나섰다. 그는 첫 번째로 정박한 코수멜 섬에서 조난을 당한 뒤 현지의 마야인들과 8년 동안이나 생활한 헤로니모 데 아길라르를 발견했다. 4월에 스페인 정복자들이 그리할바 강 근처에서 원주민 군대를 격파하자 원주민들은 코르테스에게 말리날리 혹은 말린친으로 불리는 소녀를 바쳤다. 라 말린체로도 알려진 그녀는 아스텍을 정복하는 데 결정적인 역할을 했으며 코르테스의 아들까지 낳았다. 후대의 멕시코 작가들과 역사가들은 자기 민족을 배신하고 침략자들을 도왔다는 이유로 그녀를 비난했다.

스페인 사람들이 지금의 멕시코 만에 자리한 베라크루스에 도착했을 때 신기한 이방인들이 나타났다는 소식을 들은 아스텍 황제 목테수마 2세는 사절을 보내 그들을 테노치티틀란으로 초청했다. 황제를 만나러 가는 길은 3개월이나 걸렸다. 하지만 황제 앞에 도착할 무렵 코르테스는 이미 여러 차례 전쟁을 치르고 현지 부족과 새로운 동맹을 맺은 상태였다.

코르테스는 목테수마를 대면하자마자 곧바로 그를 포로로 잡고 거액의 몸값을 요구했다. 그런 다음 코르테스는 사욕에 사로잡혀 이 새로운 땅이 망가지기를 바랐던 쿠바의 통치자가 파견한 원정군을 격퇴했다.

아스텍에서 목테수마의 동생 쿠이틀라우악이 주도한 반란이 일어나면서 목테수마는 스페인 사람 혹은 동족의 손에 목숨을 잃었다. 스페인 사람들이 라노체트리스테(비통한 밤)라고 부르는 1520년 6월 30일에 궁지에 몰린 스페인 침략자들은 테노치티틀란에서 도망쳐 나갈 수밖에 없었다. 그 결과 코르테스의 여러 수하들은 죽거나 아스텍 사제에 의해 제물로 바쳐졌다. 이는 아스텍족이 스페인 침략자들을 크게 물리친 사건이었지만 아스텍족이 살아남기에는 이미 너무 늦은 때였다. 1521년 5월 26일, 수천의 원주민 전사들을 거느리고 돌아온 스페인 사람들은 섬 위에 자리한 도시였던 테노치티틀란과 본토를 연결하는 모든 둑길을 끊어버렸다. 새로운 황제 쿠아우테모크는 거의 3개월간 이어진 포위에 맞서 용맹스럽게 저항했다. 그러나 아스텍 제국은 결국 기아와 질병에 굴복했다. 1521년 8월 13일에 테노치티틀란이 함락됐고 쿠아우테모크는 처형당했다.

스페인 사람들은 폐허가 된 아스텍의 수도에 멕시코시티를 세우고 멕시코의 나머지 땅도 정복하기 위해 나섰다. 치치멕족 같은 부족들과의 전쟁이 벌어졌고 풍부한 금광을 개발하기 위해 새로운 도시들이 세워졌다. 멀리 떨어진 남부 지역에서 악착같이 숲을 지켰던 마야인들만이 식민지 시대까지 버텨냈지만 이들도 결국 몰락하고 말았다. 코르테스가 도착하기 전까지만 해도 우리가 현재 멕시코로 알고 있는 지역에 2,500만에 달하는 아메리카 원주민들이 살고 있었다. 그러나 이후 채 몇 년도 지나지 않아 무장한 정복자들과 질병이 덮치면서 그 수가 몇백만으로 줄어들었다.

스페인 사람들은 아메리카 대륙 전역에서 사용하던 방식을 멕시코 식민화 과정에도 그대로 써먹었다. 이들은 일찍이 1531년에 아스텍족이 대지의 여신으로 모시던 토난친의 신전이 있던 자리에 과달루페 성모 성당을 세웠다. 멕시코시티의 소칼로 광장에 우뚝 솟아 있는 이 거대한 대성당을 짓는 데 쓰인 돌들은 아스텍의 테노치티틀란에 자리했던 피라미드 템플로 마요르의 무너진 잔해에서 나온 것들이다. 대형 고고학 프로젝트 덕분에 오늘날에도 그 유적지를 돌아볼 수 있다. 멕시코 전역에서 이런 과정이 반복됐다. 새로운 신도로 개종시키는 데 지나치게 열을 올리는 성직자들은 '이교' 신전 위에 성당을 세

우고 우상들을 박살냈으며, 상형문자가 새겨진 수천의 나무껍질 책들을 불태웠다. 수백 개의 스페인풍 마을들이 건설되었고, 아시엔다(농장)들이 들어서고, 말과 가축이 들어왔다. 원주민은 농촌이나 은광에서 일하는 신세가 됐고, 가톨릭 선교사들은 당시 비레이나토 데 누에바 에스파냐[*]에 속했던 야생의 미개척지에까지 원주민 개종 작업을 펼쳐나갔다. 부왕령의 총독은 스페인 왕실을 대리하여 식민지를 통치했고 식민지의 모든 생산노동의 한 가지 목적은 스페인 왕실을 부유하게 만드는 데 있었다. 다른 나라들과의 교역은 금지되어 인접한 부왕령 지역들 간의 교역조차 불가능했다. 이러한 조치는 모든 물자는 스페인에서 수입하고 모든 원자재는 스페인으로 수출한다는 원칙에서 비롯된 것이었다.

식민지의 계급 구조가 생겨나기 시작하면서 사람들은 계급으로 나눠져 스페인에서 건너온 스페인 사람들이 가장 높은 계급을 차지했고 그 아래는 크리오요(아메리카 대륙에서 태어난 스

---

\* '새로운 스페인 부왕령'이라는 뜻으로 스페인이 왕실이 식민지를 원활하게 통치하기 위해 아메리카 대륙 등에 설치한 기구─옮긴이

페인 사람)들이 꿰찼다. 원주민과 스페인계의 혼혈인 메스티소가 중간계급에 자리했고, 그다음 계급은 아메리카 원주민의 몫이었으며, 노예로 끌려온 아프리카인들이 맨 아래에 위치했다.

19세기 초에 보수적인 크리오요 엘리트층에게 식민지에서 무역과 상업을 엄격히 금지하는 조치는 엄청난 부담으로 작용했으며 스페인에서 부과하는 세금도 턱없이 높았다. 미국이 영국의 식민 통치에 맞서 들고 일어나 1776년에 독립을 쟁취하면서 더 큰 자유를 갈망하는 급진파 사상가들 사이로 프랑스 혁명 정신이 퍼져나갔다. 그러다가 1808년에 프랑스 황제 나폴레옹 보나파르트가 이베리아 반도를 침략해서 점령한 뒤 스페인 국왕 페르디난드 7세를 폐위시키자 본격적인 저항이 촉발되었다.

첫 번째 독립의 함성은 1810년 9월 16일에 터졌다.

그날 새벽 5시에 미구엘 이달고 신부는 과나후아토 인근의 돌로레스에 위치한 자신의 작은 교회에서 종을 울려 멕시코의 애국시민들에게 무기를 들고 자유를 위해 싸우자고 촉구했다. 그가 했던 말들은 세월에 씻겨 알 수 없지만 '멕시코인들이여! 멕시코 만세!'라는 외침과 함께 가추피네스(스페인 사람을 가리킬 때 쓰던 용어)의 나쁜 통치를 끝장내자는 구호는 남았다. 이달고 신부는 이그나시오 아옌데와 함께 10만 명의 동조자들을 모아 과달루페 성모가 그려진 깃발로 이들을 이끌며 원주민 소작농에 대한 과세 중지와 노예제 폐지를 약속했다. 이후 여러 마을과 도시를 점령하고 멕시코시티까지 위협했지만 끝내 붙잡힌 이달고는 1811년 7월 30일에 총살당했다.

1813년, 호세 마리아 모렐로스가 독립의 깃발을 이어받아 봉기했지만 1815년에 진압되고 말았다. 결국 크리오요들은 보수파 아구스틴 데 이투르비데의 지휘 아래 독립을 쟁취했다. 멕시코시티를 점령하면서 크리오요들은 마침내 독립을 쟁취했다. 1821년 9월 27일에 멕시코시티를 점령한 이투르비데는 이후 2년여 동안 황제 아구스틴 1세로 재임한 뒤 폐위되어 망명길에 올랐다. 1823년 11월 1일에 멕시코연방공화국이 선포되고 1824년에는 연방헌법이 제정되었다. 이투르비데는 1824년에 망명지에서 돌아오자마자 체포되어 총살형을 당했다. 당시 그는 마지막으로 이런 말을 남겼다. "여러분과 함께 있다가 죽으므로 나는 기쁘게 죽는다. 나는 반역자가 아니라 영광스럽게 죽음을 맞는다." 오늘날 멕시코의 위대한 영웅으로 꼽히는 이투르비데는 멕시코 국기를 도안한 인물이기도 하다.

## [ 격변 그리고 미국과의 전쟁 ]

세속적이며 자유무역을 주창하는 진보파가 가톨릭교회와 연결된 보수파와 권력 투쟁에 나섬에 따라 새로운 국가는 혼돈에 빠졌다. 독립 이후 50년 동안 30여 명의 대통령이 배출됐다. 그중 안토니오 로페스 데 산타안나 장군은 11번이나 대통령을 지냈다. 그런데 그가 대통령을 맡고 있던 시기에 멕시코는 미국에게 영토의 절반 이상을 잃었다. 텍사스가 제일 먼저 1836년에 독립했다(알라모 전투). 이후 1846년에 미국 대통령 제임스 포크는 멕시코를 침공하라는 명령을 내렸고, 그 결과 멕시코시티는 미국 군대에 함락되었으며 1848년에 과달루페 이 달고 조약이 체결되었다. 이 조약으로 멕시코는 뉴멕시코, 네 바다, 유타, 애리조나, 콜로라도, 그리고 캘리포니아를 미국에 양도했다.

**라 레포르마**

미국에 굴욕적인 패배를 당하고 영토를 잃은 여파로 산타안나 는 1854년에 망명길에 올랐다. 뒤이어 사포텍족 출신으로 자유

주의자이자 변호사였던 베니토 후아레스가 1857년에 정교 분 리와 원주민 소작농들에게 토지 권을 승인해 주는 내용의 헌법 초안을 만들었다.

보수당이 반발하면서 결국 개혁전쟁이 일어나 멕시코는 또 다시 혼란에 빠졌고 결국 멕시 코의 보수당과 나폴레옹 3세가

주도하여 합스부르크 왕가의 막시밀리안을 멕시코 황제 자리 에 앉히는 기괴한 계획을 꾸몄다.

【 멕시코 황제 】

프랑스 군을 등에 업고 멕시코에 도착한 막시밀리안은 1864년 4월 10일에 멕시코의 막시밀리안 1세가 되었다. 속으로는 자유주의자였던 그는 얼마 못 가 보수파 후원자들의 지지를 잃었고 베니토 후아레스의 열렬한 추종자들이 벌여온 게릴라 전쟁에 맞닥뜨렸다. 1866년에 나폴레옹 3세의 지원이 줄어들자 원치 않았던 황제의 앞날은 끝이 나고 말았다. 케레타로에서 붙잡힌 막시밀리안 1세는 1867년 6월 19일에 총살당했다.

【 포르피리오 집권 시기 】

포르피리오 디아스 장군은 프랑스에 맞서 싸워서 1876년에 권력을 잡은 뒤 1911년에 강제로 망명길에 오를 때까지 권좌에서 내려오지 않았다. 그는 엉터리 민주주의 체제에서 7번이나 대통령에 선출되어 멕시코에 평화와 안정을 가져와 상업, 그중에서도 특히 대외무역을 번성하게 만들었다. 그러나 시골 소작농들이 대지주에게 땅을 빼앗기고 도시의 산업 환경이 혹독한 탓에 멕시코 혁명의 씨앗은 널리 퍼져나갔다.

## 【 혁명과 혼돈 】

진보적 지주였던 프란시스코 마데로는 혁명가에 어울리는 사람이 아니었다. 하지만 포르피리오 디아스에게 대선에서 겨룰 기회를 강탈당한 뒤 1910년 11월 20일에 텍사스의 망명지에서 궐기할 것을 열렬히 호소하였다. 폭발 직전까지 치닫고 있던 억압받는 소작농과 노동자들의 분노가 정점에 달했다. 이에 치와와 출신의 전직 노상강도였던 프란시스코 '판초' 비야와 '티에라 이 리베르타드(땅과 자유)'를 외쳤던 모렐로스 출신의 에밀리아노 사파타 같은 카리스마 넘치는 지도자들이 나타났다. 마데로가 대통령이 되었지만 파벌 싸움이 벌어져 나라가 무정부 상태에 빠지자 혁명이 계속됐다. 10년 동안 이어진 멕시코 혁명에서 사망한 이들의 수는 대략 100만 명으로 추정되

느데, 일부 학자들은 그보다 더 많다고 본다. 마데로는 1913년에, 에밀리아노 사파타는 1919년에, 판초 비야는 1923년에 암살당했다.

[ 현대의 멕시코 출현 ]

1917년 2월 5일에 신헌법이 제정되면서 멕시코 혁명이 끝났지만 완전한 평화를 맞을 때까지 수년이 걸렸다. 플루타르코 엘리아스 카예스 대통령이 실시한 반가톨릭 정책에 맞서 짧은 기간(3년간) 이어졌던 크리스테로 봉기는 유혈 사태와 분열을 야기했지만 멕시코를 세속 국가로 거듭나게 해줬다. 이즈음 가장 중요한 사건 중 하나는 1929년의 국가혁명당 창당이었다.

후에 제도혁명당PRI이 된 이 정당은 71년 동안이나 멕시코의 대통령직을 독점했다.

멕시코는 라사로 카르데나스 대통령이 집권할 때 경제와 예술이 모두 번창했다. 라사로 카르데나스 대통령은 토지와 노동 개혁을 실시했고 1938년에 석유산업을 국유화했다. 디에고 리베라, 다비드 알파로 시케이로스, 호세 클레멘테 오로스코 같은 벽화가들이 멕시코의 고유한 과거와 혁명투쟁에 뿌리를 둔 이와 같은 새로운 멕시코의 자긍심을 심어주는 데 힘을 보탰다.

[ 안정과 성장 ]

1940년대부터 1960년대까지 폭등하는 석유 자원과 멕시코시티, 몬테레이 그리고 미국 국경 지역을 기반으로 등장한 제조업 덕분에 자금이 생긴 정부는 공공사업과 야심찬 주택 정책을 펴나갔다. 이 시기 내내 획일적인 제도혁명당이 사실상 일당 독재를 펼쳐 정치는 안정된 편이었다. 페루의 소설가 마리오 바르가스 요사는 이를 가리켜 '완벽한 독재'라고 표현했다. 급속한 도시화가 진행되면서 사람들이 일자리를 찾아 대도시로 몰려들자 판자촌이 등장했다.

1968년, 파리의 5월 혁명에 고무된 학생들이 거리로 쏟아져 나와 구스타보 디아스 오르다스가 이끄는 제도혁명당 정부를 향해 불만을 터뜨렸다. 멕시코시티 올림픽이 코앞에 닥친 상황에서 멕시코 정부는 거리에서 시위대를 몰아내기 위해 강경하게 진압했다.

같은 해 10월 2일, 비무장 상태의 학생들이 틀라텔롤코의 주택단지에 자리한 세 문화 광장Three Cultures Square에서 시위를 하고 있었다. 그런데 정부는 탱크까지 등에 업고 착검한 총을 든 군대를 동원해 시위대를 공격했다. 그 결과 무려 3,000명 가까이 사망하여 국제적인 공분을 불러일으켰지만 제도혁명당이 집권하는 내내 이른바 틀라텔롤코 대학살에 대한 제대로 된 조사는 단 한 번도 없었다. 지금까지도 이 사건의 진상은 규명되지 않고 있다.

1988년에 대통령에 오른 카를로스 살리나스 데 고르타리는 경제를 활성화하기 위해 대대적인 민영화 정책을 실시했지만 석유산업만은 손대지 않았다. 이와 같은 경제를 총체적으로 정비하던 멕시코 정부는 1994년에 북미자유무역협정NAFTA을 맺는 것으로 그 정점을 찍었다. 본질적으로 이 협정은 미국과 캐나다산 상품이 들어오도록 시장을 개방하는 조치였다. 그 결과 멕시코 농부들이 제일 먼저 대재앙을 맞았다. 이에 따라 일자리를 찾아 합법적으로 그리고 불법적으로 미국으로 이민을 가는 멕시코 사람들이 급격하게 늘어났고 농촌에는 팽팽한 긴장감이 감돌았다.

멕시코에서 가장 가난한 주이자 시골인 치아파스에서 북미자유무역협정에 대한 반발로 사파티스타 민족해방군ELZN이 무장봉기를 일으켰다. 에밀리아노 사파타의 이상에 고취된 급진적인 지식인들과 원주민 소작농들로 구성된 사파티스타 민족해방군은 1994년 1월 1일에 산 크리스토발 데 라스 카사스*를 장악했다. 이 사건으로 수수께끼 같은 이들 조직의 수장 마르코스 부사령관은 곧바로 언론의 관심을 끌었다. 마르코스 부사령관은 (멕시코 프로레슬링의 슈퍼히어로처럼) 정체를 감추기 위해 발라클라바**를 쓰고 대학교 교수처럼 파이프 담배를 피웠다. 아마도 사파티스타 운동에 대한 국제적 공감과 언론의 집중적인 조명 때문에라도 정부군은 이들을 더 악랄하게 진압하지 못했을 것이다. 결국 1995년에 양측이 불안정하게나마 정전협상을 맺어 사파티스타 민족해방군이 그들의 자치지역 내에서만큼은 공격받지 않게 됐지만 이들의 요구사항은 거의 수용되지 않았다.

북미자유무역협정은 제도혁명당에도 적지 않은 충격파를 안겨줬다. 2000년에 국민행동당PAN의 비센테 폭스가 대통령에

* 치아파스 주 중부의 산악지대에 위치한 도시-옮긴이
** 눈만 보이게 머리와 얼굴 그리고 목까지 다 덮는 모양의 방한모-옮긴이

선출됨에 따라 70년간 권력을 잡아온 제도혁명당의 시대가 종료됐다. 이후 2006년 대선에서도 국민행동당 소속의 펠리페 칼데론이 대통령으로 선출되었다. 펠리페 칼데론 대통령은 멕시코의 마약 범죄 조직에 전쟁을 선포하는 획기적인 결단을 내렸는데, 그 결과 마약 조직원들이 고성능 무기로 무장하고 작전에 나섬에 따라 이들 범죄 조직과 관련된 폭력과 사망 사건이 급증했다. 2006~2012년 사이 멕시코의 마약소탕전에 따른 사망자 수는 줄잡아 5만~6만 명에 달한다.

2012년에 엔리케 페냐 니에토가 당선되면서 다시 제도혁명당 대통령의 시대가 열렸지만 커져가는 마약 범죄 조직의 폭력을 저지하려는 정책은 거의 바뀌지 않았다. 2014년 9월 26일 밤에 이구알라*에서 43명의 학생이 실종된 뒤 살해당했을 것으로 추정되는 사건에 해당 지역당국이 개입됐다는 게 드러났다. 틀라텔롤코 대학살을 연상시키는 이 사건 때문에 전국에서 시위가 일어났고 부패와 면책을 끝내라는 요구가 빗발쳤다.

시날로아 카르텔**의 우두머리 호아킨 '차포' 구스만이 두 차례나 교도소의 삼엄한 경비를 뚫고 탈출한 데다 도망 다니는

---

\* 멕시코 게레로 주에 위치한 도시-옮긴이

\*\* 멕시코 최대 마약 범죄 조직-옮긴이

와중에 할리우드 배우 숀 펜과 인터뷰까지 하자 멕시코 정부는 적잖이 당황했다.

## 정치

멕시코는 31개의 주와 시우다드 데 멕시코(멕시코시티)로 구성된 연방공화국이다. 수도인 멕시코시티는 연방지구에서 새롭게 연방독립체로 바뀌었다. 선거에 투표를 하는 것은 국민의 의무이며 18세 이상의 모든 멕시코 국민에게는 보통선거권이 있다.

멕시코의 권력분립은 미국의 체제와 비슷하다. 입법부는 6년마다 선출되는 128명의 상원의원으로 구성된 상원과 3년마다 선출되는 500명의 의원으로 이루어진 하원으로 나뉜다. 행정부는 국가와 정부의 수장이며 군통수권자인 대통령이 이끌어나간다. 대통령은 내각, 법무장관, 각군 참모총장, 그리고 대법관을 임명할 수 있다.

대통령 선거는 6년마다 실시되며 대통령은 단 한 번의 임기만 맡을 수 있다. 이와 같은 6년 단임제가 도입된 이유는 안토니오 로페스 데 산타안나 장군이 집권한 후 40년 넘게 11번

## • 멕시코의 국가 상징물 •

강한 긍지의 원천은 국기다. 멕시코는 19세기의 독립전쟁 이후로 세로로 초록, 하양, 빨강이 들어간 세 가지 색깔의 국기를 사용하고 있다. 국기 중앙에 자리한 국가 문장은 아스텍의 테노치티틀란 창건 신화를 연상시키는 것으로, 독수리가 발톱 하나로 뱀을 잡고 호숫가 바위에서 자라는 프리클리페어선인 장에 앉아 있는 모습이다.

- **국가** : <멕시코인들이여, 전쟁의 외침을 들어라>는 프란시스코 곤살레스 보 카네그라가 작사하고 하이메 누노가 작사한 멕시코 국가다.
- **국화** : 다알리아
- **국가나무** : 멕시코 낙우송

이나 대통령을 맡았던 '산타안나 시대'와 포르피리오 디아스가 통치했던 26년간의 '포르피리아토'가 되풀이되는 것을 막기 위해서다. 그러나 이러한 6년 단임제는 제도로서만 존재할 뿐 제도혁명당 소속의 대통령들이 물러날 때 후임자를 지명하면서 제도혁명당이 멕시코를 일당 독재 국가처럼 71년 동안

(1929~2000)이나 통치하는 것을 막지 못했다.

주지사 또한 선출직으로 6년 단임제이며 주 의회에 지방세를 부과할 권한이 있다. 각 주의 관할 법원에 해당 지역에서 벌어진 사건을 해결할 권한이 있지만 상고사건은 사법부 최고 기관인 대법원에서 판결할 수 있다.


## 경제


1994년에 미국과 캐나다와 북미자유무역협정에 조인하기 전까지만 해도 멕시코는 외화벌이의 80%가량을 석유산업에 의존했다. 이제는 경제가 다변화되고 제조업, 그중에서도 특히 미국과 국경을 맞댄 지역을 따라 들어선 대규모 조립 공장들 덕분에 석유로 벌어들이는 액수는 총수입의 약 20%밖에 되지 않는다.

엔리케 페냐 니에토 대통령은 개혁안의 하나로 2013년에 석유산업을 외국투자자본에 개방하여 유전개발과 정유사업의 투자를 늘리고자 했다. 하지만 원유 가격이 오르기 시작해야만 이와 같은 개혁정책이 큰 효과를 볼 것이다.

멕시코는 자동차와 자국 제품 외에도 중요한 전자산업을 발전시켰고 항공우주산업 분야로도 진출하고 있다. 46개국과 자유무역협정을 맺으면서 수출품의 80%가 미국으로 간다. 원자재와 농업제품이 경제에서 차지하는 역할은 북미자유무역협정 이전 시기보다 줄긴 했지만 멕시코가 은과 아보카도와 라임의 최대 생산국인 것은 변함이 없다.

한편, 서비스산업이 점점 늘어나는 멕시코 중산층에 부응하며 점차 다양화되고 정교해지면서 특히 금융서비스 분야에서 해외 투자가 전례 없을 만큼 늘어나고 있다.

부정적인 측면을 꼽자면, 멕시코는 부자와 인구의 33%를 차지하는 빈곤층 간의 큰 소득격차와 씨름해 왔다. 사회적·경제적 불평등은 물론이고 교육 불평등까지 지속된 탓에 시골 지역에 살고 있는 이들의 삶은 엉망이 돼버렸는데 1994년에 일어난 사파티스타 운동이 집중적으로 제기한 이 문제에 대해 정부는 아무런 조치도 취하지 않았다.

시골 지역에 사는 이들에게 기회조차 주어지지 않자 일자리와 더 나은 삶을 찾아 국경을 건너는 경제 이민의 행렬이 꾸준히 늘고 있다. 이에 미국에서 일하고 있는 멕시코인들의 송금액은 나날이 늘어나고 있다. 정확한 수치를 집계하긴 어렵지만 2015년에 그 액수는 미화로 약 248억 달러에 이르는 것으로 추정됐는데, 이는 멕시코가 석유로 벌어들이는 금액보다 훨씬 더 높은 수치다.

국제매체들이 쏟아내는 마약 범죄 조직과 관련된 보도기사의 부정적인 효과에도 관광업은 변함없이 멕시코의 중요한 수입원이자 일자리를 창출하는 효자 산업이다. 유엔 세계관광기구에 따르면, 멕시코는 가장 인기 있는 관광지로 세계 10위 안에 든다. 유카탄의 마야 피라미드, 멕시코시티의 세계최상급 미술관들, 칸쿤의 새하얀 백사장, 그리고 캘리포니아 반도의 석호潟湖와 만에서 즐기는 거대한 고래 관광 덕분에 멕시코를 찾는 관광객의 수가 꾸준히 늘고 있다. 2015년에 3,200만이 넘는 관광객들이 멕시코를 찾았는데, 이는 러시아보다 많고 영국과 비슷한 수치다.

멕시코를 찾는 이들의 대다수는 관광을 하러 오거나 멕시코에 거주하는 100만에 가까운 미국인들 틈에서 새로운 삶을 시작하려는 미국인들이다. 경제의 또 다른 동력인 미국인은 멕시코가 고향에 있는 가족과 친구와 가까운 거리에 위치한 점과 뿌리 깊은 문화유산, 고대 및 식민 도시들, 매혹적인 수공예품, 환상적인 음식 등에 이끌려 멕시코를 찾는다.

# 02

## 가치관과
## 사고방식

멕시코에는 반체제 성향이 강하게 자리 잡고 있다. 일부 학자들은 이와 같이 법을 무시하는 경향이 과거 스페인 정복기에서 유래됐다고 본다. 당시 피지배층으로 전락한 아스텍족과 다른 토착민들이 할 수 있는 유일한 저항은 외국 지배자들의 법을 최대한 무시하거나 뒤엎는 것뿐이었다. 이후 독립 전쟁과 혁명, 독재를 겪으면서 이러한 경향은 더욱 굳어졌다.

멕시코가 뚜렷하게 구별되는 각각의 고유한 문화와 음식과 음악과 관습을 지닌 수많은 종교를 아우르고 있는 아주 커다란 나라라는 점을 감안하면 멕시코 사람들을 일반화해서 설명하기란 어렵다. 멕시코는 자녀를 사립학교에 보내며 높은 담장 너머에서 살고 있는 부유한 대도시 엘리트층과 더 많은 것들을 갈망하며 그 수가 점차 늘어나고 있는 중간계층, 그리고 최하층에서 하루하루 입에 풀칠하기 위해 고군분투하는 수많은 사람들로 크게 나뉜다. 그리고 이렇게 분리된 계층 간의 엄청난 격차가 빚어낸 사회경제적 선에 따라 멕시코 사회는 더욱 세분된다. 멕시코를 잠깐 동안 여행하거나 주류 사회와 아주 뚜렷이 구별되는 생활을 하는 여러 원주민 집단 중 한 군데라도 가본다면 하나의 멕시코가 아니라 여러 멕시코가 존재한다는 데 이의를 달지 않을 것이다.

## 종교

로마 가톨릭은 16세기에 멕시코 주민들을 강제로 개종시킨 이후 멕시코에 가톨릭 신앙과 태도가 자리 잡도록 많은 일들을

해온 결과 여전히 그 영향력이
막강하다. 멕시코 인구의 80%
이상이 가톨릭 신자이고, 종교
축일이 달력을 가득 채우고 있으
며, 대다수 국민들이 세례, 첫 영
성체, 결혼식, 장례식 순으로 이
어지는 생활 주기를 따른다. 멕

시코에서 가톨릭교가 성공적으로 뿌리를 내릴 수 있었던 것은
멕시코 원주민들이 개종하도록 이끌고 이들이 신봉해 온 전통
신앙을 새로운 형태의 숭배와 접목할 수 있게 해준 예수회와

프란치스코회 수사들의 실용주의 덕분이었다. 이러한 실용주의는 가톨릭 축일에 열리는, 콜럼버스가 아메리카 대륙을 발견하기 이전 시기의 요소들이 담겨 있는 민속 축제와 '죽은 자들의 날' 축제의 흥겹고 명랑한 성격에서 가장 잘 드러난다.


## 가족

일반적으로 강인한 어머니나 그와 같은 존재를 중심으로 형성된 가족은 멕시코 사람들에게 엄청나게 중요하다. 예전에 부부가 일고여덟의 자녀를 낳았던 때처럼 식구 수가 아주 많은 가족을 찾아보기는 힘들지만 대가족의 전통이 남아 있어 한 지붕 아래에서 몇 세대가 함께 살거나 서로 가까이 사는 경우도 흔하다. 노인들은 정중한 대우를 받으며 대개 요양시설에 입소하기보다는 가족의 보살핌을 받다가 여생을 마감한다.

아이들은 사랑을 듬뿍 받고 자라며 어릴 때부터 사교 모임에 함께 한다. 아이들의 생일에는 여러 세대의 가족이 모여 집에서 파티를 열어주거나 공원에 나가 바비큐 파티를 하거나 소풍을 간다. 그리고 이런 생일 파티에는 사탕이 가득 들어 있는 피냐타*가 꼭 있어야 한다. 이런 가족 행사 때는 어른도 아이들처럼 신나게 즐기곤 한다. 멕시코 어린이들은 조금 버릇없긴 해도 자신감 있는 사람으로 자라는데, 또래 10대 외에는 누구와도 말을 트거나 놀 수 없는 미국과 유럽 여러 나라들의 관점에서는 이와 같은 멕시코 10대들의 버릇없는 태도가 못마땅해 보일 수 있다.

미국이나 영국에서처럼 자녀들이 18세가 되면 학업이나 독립의 목적으로 집을 떠난다는 것은 대다수 멕시코인들에게 여전히 낯선 개념이다. 이들은 대체로 결혼을 하거나 일자리 때문에 이주하는 게 아닌 이상 부모와 함께 산다. 이렇게 하는 데에는 어느 정도 경제적인 이유도 작용한다. 하지만 요리나 청소에 동참할 일이 거의 없고 생활비를 보태라는 요구도 받을 일이 별로 없어 친구들과 어울려 놀 시간이 많은 젊은이들 입장에서는 가족 모두가 의좋게 지내는 이상 대가족 속에서 지내는 게 더 편하다. 일자리 때문에 이주해야 하는 젊은이들이라도 생일, 세례식, 결혼식, 공휴일마다 사촌들을 만나 가족 간의 우의를 다진다.

---

* 아이들이 파티 때 눈을 가리고 막대기로 쳐서 넘어트리는 통으로 장난감이나 사탕이 가득 들어 있다－옮긴이

가난하거나 아버지가 다른 배우자들과 여러 자녀를 두고 가정을 지키지 않는 집은 가정이 해체될 가능성이 크다. 그래서 멕시코에서는 조부모나 여자친척 또는 미국에서 멀리 떨어져 살고 있는 친척들이 해체된 가정의 자녀를 키우는 일이 드물지 않다. 대부분 멕시코 사람들은 외부 기관에 가기 전에

### • 역사에서 유래된 운명론 •

멕시코 젊은이들은 이와 같은 표현을 받아들이지 못할 수도 있다. 하지만 예로부터 멕시코 사람들을 설명할 때 두드러진 한 가지 특징을 꼽자면 우울한 운명론이 아닐까 싶다. 멕시코 사람들은 최악의 상황이 벌어질지 모른다면서 불가피한 운명이 바로 코앞에 닥쳤다고 믿고, 삶은 힘들고 쾌락은 덧없다고 체념한다. 역사학자 살바도르 데 마다리아가는 이러한 운명론이 폭력으로 얼룩진 멕시코의 과거와 스페인의 아스텍족 정복에서 비롯됐다고 주장하면서 이렇게 썼다. "매일, 모든 멕시코인의 영혼 안에서 목테수마 *가 죽고 쿠아우테모크 **가 교수형을 당한다."

---

\* 스페인 정복자 코르테스에게 인질로 잡혔다가 죽은 아스테카 왕국의 왕-옮긴이

\*\* 아스테카 왕국의 마지막 황제-옮긴이

가족 내에서 해결책을 찾으려고 할 것이다.

어린 자녀들이 있는 여성이 일을 해야 하는 처지에서는 대개 조부모가 아이들을 돌봐준다. 물론 부유층은 유모를 고용하거나 아이들을 탁아시설에 보낸다. 극빈층 모자 가정의 엄마들은 어쩔 수 없이 아기들을 데리고 닥치는 대로 일을 할 때가 많다. 그래서 멕시코를 여행하다 보면 아기를 둘러업은 채 노점에서 음식을 팔거나 혹은 거리나 버스에서 신문이나 사탕과 간식거리 등을 파는 엄마들을 보게 된다. 일부 아이들은 가난과 가족 해체 탓에 거리에서 위험하게 살아가기도 하지만 멕시코 정부는 최근 몇 년 동안 이런 거리의 아이들을 위한 해결방안을 마련하기 위해 많은 일들을 해왔다.


## 긍지, 명예, 남자다움

멕시코에서 남자다움을 과시하는 것은 별난 일이 아니다. 대다수 라틴아메리카 나라들에는 여전히 남자다워야 한다는 고정관념이 자리하고 있어서 많은 남자들은 가족이나 조국의 영예를 지키기 위해서라면 어떤 위험도 무릅쓰는 힘세고 단호하며 극기심이 강한 사람이 되고자 한다.

긍정적인 측면에서 예상해 보자면, 전통적인 마초 남자들은 아량이 있고 여자들, 그중에서도 특히 어머니와 할머니를 공경할 것이다. 그러나 부정적인 측면에서 이런 남자들은 공격

### · 눈물의 테킬라 ·

경쾌한 리듬으로 실연의 아픔을 읊조리는 멕시코의 슬픈 마리아치 노래는 확실히 눈물을 짜내기 때문에 멕시코의 마초 남자들에게는 양파 썰기나 다름없는 음악이다. 실의에 빠진 술꾼이 술집 바에 구부정하게 앉아서 작은 유리잔에다 눈물을 뚝뚝 흘리는 모습은 호세 알프레도 히메네스의 노래 <그 여자(Ella)>를 통해 오래도록 기억된다. 가사의 일부는 다음과 같다. "할리스코 스타일대로 잊고 싶지만 이 마리아치와 테킬라가 나를 울리는구나."

마리아치 노래는 멕시코의 마초 남자들이 자기만의 규칙에 갇혀 누구의 말도 듣지 않는 독불장군이라는 고정관념을 강화하기도 한다. 히메네스의 또 다른 고전 <왕(The King)>의 가사에도 이런 태도가 잘 녹아 있다. "돈이 있든 없든 나는 항상 내가 하고 싶은 것을 하며 내 말이 곧 법이도다. 나에게는 왕좌나 왕비도 없고 나를 이해하는 이들이 전혀 없지만 그래도 나는 왕이니라."

적이고 자기중심적이라서 거절을 기분 나쁘게 받아들일 가능성이 크다.

아부하는 말은 과거 남자들이 사랑하는 연인에게 연애시를 쓸 때를 떠올리게 한다. 멕시코 남자들은 여전히 낭만적이다 (멕시코에서 인기를 끄는 사랑 노래를 들어보기만 해도 알 수 있다). 하지만 매력적인 여성을 보고 휘파람을 불 때처럼 성적으로 지나치게 아부하는 행동은 상스럽다 못해 성희롱에 가깝다. 어디서나 무심결에 성차별이 일어난다. 가령, 가정에서는 여자아이들이 부엌일을 거드는 동안 남자아이들은 놀 수 있게 해주는가 하면 직장에서는 출세하고 싶은 마음이 있는 여성은 옷도 잘 입고 예뻐 보이길 기대한다.

남자다움을 과시하는 문화의 이면에는 모계사회가 자리하고 있다. 어머니와 할머니들이 가정의 실권을 쥐고 아이들을 양육하고 가정경제를 관리하며 동시에 직장에도 다닌다.


## 마초 사회 속 동성애

그동안 마초 문화가 퍼져 있는 데다 가톨릭교회가 불허하는 탓에 멕시코 전역에서 동성애자의 권리는 인정받지 못했지만 이제는 성소수자들에게 유리한 쪽으로 상황이 빠르게 바뀌고 있다.

정부 지원과 새로운 법에 더해 진보적인 소셜미디어 운동까지 펼쳐져 동성애 및 트랜스젠더 문제를 대하는 의식이 높아져서 멕시코 사회가 전반적으로 상당 수준까지 수용하는 단계에 도달했다.

보수적인 나라의 진보적인 섬이라고 할 수 있는 멕시코시티는 성소수자 권리에 앞장서서 2009년에 동성 결혼을 합법화했으며 소칼로 광장에서 합동결혼식이 열렸다. 당시 이 결혼식에는 전국에서 온 수백 명의 성소수자 커플들이 참석했다. 2015년에 동성 결혼을 불허하는 것은 헌법에 위배된다는 대법원의 판결이 나왔지만 일부 주들은 이를 따르지 않았다. 이에 자극받은 엔리케 페냐 니에토 대통령은 2016년 5월에 모든 멕시코인이 평등을 보장받을 수 있도록 헌법과 연방민법을 고칠 것을 제안했다.

멕시코시티에서 매년 6월이면 게이 축제 같은 행사들이 열려 일주일 넘게 꽃수레의 향연과 행진이 펼쳐진다. 또한 5월에는 푸에르토 바야르타에 위치한 성소수자 친화적인 리조트에서 12일 동안 축제가 벌어진다.

그렇다고 멕시코의 모든 지역에서 성소수자들을 흔쾌히 받아들이는 것은 아니다. 일부 지역에서는 성소수자 커플이 공개된 곳에서 손을 잡거나 키스를 하면 경찰이 품위유지법을 인용해 저지해 왔다.

이에 대응하여 성소수자 단체는 '키스 오래하기 대회'를 만들고 성소수자 차별에 관심을 불러일으키기 위한 소셜미디어 운동을 전개했다.


## 정부에 대한 불신

멕시코에는 반체제 성향이 강하게 자리 잡고 있다. 일부 학자들은 이와 같이 법을 무시하는 경향이 과거 스페인 정복기에서 유래됐다고 본다. 당시 피지배층으로 전락한 아스텍족과 다른 토착민들이 할 수 있는 유일한 저항은 외국 지배자들의 법을 최대한 무시하거나 뒤엎는 것뿐이었다. 이후 독립 전쟁기에 수차례에 걸쳐 반란과 봉기가 일어나고, 프랑스와 미국의 침략으로 불안이 야기되고, 멕시코 혁명으로 오랜 혼돈을 겪고, 제도혁명당이 70년 동안 '완벽한 독재'를 펼치면서 이러한 경향은 더욱 굳어졌다.

법치에 대한 멕시코 사람들의 해이한 태도는 '사기 치지 않으면 출세하지 못한다'는 속담에서 단적으로 드러난다. 1999년에 개봉된 풍자 영화 〈영웅의 법칙 Ley de Herodes〉에서도 이와 같은 태도를 소재로 삼아 멕시코 정계와 사회에 전반적으로 퍼져 있는 부패와 사리사욕과 면책이 어떻게 나라 전체를 좀먹는지 적나라하게 보여줬다.

법을 집행하는 경찰이나 법원, 공무원, 국정관리 체계를 이끌고 가야 하는 정치인과 기관 등을 무시하는 풍토가 널리 퍼진 탓에 체제 전복적인 사고방식이 팽배해졌다. 사람들은 도움이 필요한 일이 생겼을 때 당국보다는 가족이나 가까운 친구에게 의지한다.

시골 지역과 원주민 사회에서는 중앙정부에 대한 불신이 항쟁으로 이어져왔다. 1994년에 치아파스 주에서 일어나 지금까지 지속되고 있는 사파티스타 봉기가 가장 대표적인 사례다. 하지만 좀 더 최근에는 지역의 마약 범죄 조직에 맞서 자신들이 살고 있는 소도시와 마을을 지키기 위해 자경단 형태의 조직들이 등장했다.

## 인종의식

스페인 사람들은 800여 년 동안 무슬림의 지배를 받은 뒤 스페인에 마지막으로 남아 있는 무어인들을 제거한 직후에 신대륙에 도착했다. 당시는 다른 신앙을 조금도 용납하지 않던 시절인 데다 이단을 뿌리 뽑기 위해 무시무시한 스페인의 종교재판소가 등장한 때였다. 크리스토퍼 콜럼버스가 장대한 항해를 시작한 해에 스페인의 유대인과 무슬림은 강제로 그리스도교로 개종하거나 스페인을 떠나고 있었다.

스페인 사람들은 아스텍족과 다른 원주민 왕국들을 정복한 후 엄격한 계급제를 만들었다. 제일 높은 계급은 스페인에서 태어난 페닌술라르(반도 사람)가 차지했고, 그다음은 현지에서 태어난 스페인 혈통을 뜻하는 크리오요, 메스티소(스페인계와 원주민의 혼혈), 원주민 순이었으며 최하층은 아프리카 출신의 흑인 노예들이었다.

독립 이후, 멕시코는 여러 시기를 거치면서 원주민의 유산을 기념해 왔다. 그중에서도 특히 1920년대와 1930년대에는 예술가와 작가와 고고학자들이 스페인 식민지 이전의 멕시코 과거사에 대한 국가적 자긍심을 되살리기 시작했다. 그러나 계층 이동성에 대한 인식이 대대적으로 발전해 왔음에도 사람들은 여전히 주로 피부색으로 사람들을 판단한다.

사실 베라크루스와 게레로, 오악사카 주의 아프리카계 멕시코인 사회는 최근에 와서야 어느 정도 인정을 받았다. 2015년까지만 해도 전국적인 인구조사지에 흑인이나 아프리카계를 표시하는 칸조차 없다가 활동가들이 흑인인지 여부를 묻는 질문을 넣어야 한다고 줄기차게 요구한 끝에 겨우 생겼다. 그 결과 140만에 달하는 멕시코인이 자신들의 인종을 흑인 또는 아프리카계 혈통이라고 밝혔다.

## 현재를 즐기기

가난한 사람들이 하루 벌어 하루 먹고 살면서 계획을 아주 잘 짜놓는다 해도 삶의 불확실성 앞에 무용지물이 되는 사회에서는 사람들이 현재를 즐기기 마련이다. 농촌과 도시 빈민가에서 힘든 일상에 따른 단조로움을 깨주는 것은 매년 열리는 축제나 가족모임뿐이기에 사람들은 당연히 이런 행사들을 최대한 즐긴다.

## 계층 간 격차

멕시코 사회의 계층 간 격차는 심각한 수준이다(멕시코인의 40% 가 빈곤선 이하의 생활에 허덕인다). 그나마 부유층과 빈곤층 사이에 포진한 꽤 많은 중산층과 대규모의 임금 노동자계층도 오직 도시 지역에만 존재한다. 농촌 지역에는 한두 명의 부자와 수백만 명에 달하는 빈곤층이 있다. 지난 50년간 부자들은 더욱 부유해졌고 가난한 이들은 더 궁핍해졌다. 빈곤층에게는 자신들이 처한 현재의 상황과 '사회적 위치'를 바꾸려는 의지가 없고 있는 그대로 받아들이는 성향이 강한데 이 또한 운명론과 관련 있다 하겠다.

## 멕시코와 미국

19세기에 멕시코 대통령을 역임한 포르피리오 디아스는 이런 말을 남겼다. "가난한 멕시코에게 신은 너무 멀리 있고 미국은 아주 가까이 있다." 이는 멕시코가 이웃한 북아메리카 국가와 얼마나 자주 난감한 관계에 놓였는지를 단적으로 보여주는 말이다. 실제로 미국은 몇 번 남쪽으로 내려와 무력 충돌을 일으켰고 결국 1846년부터 1848년까지 이어진 전쟁에서 멕시코는 영토의 거의 절반을 잃었다.

여러 모로 두 나라의 충돌은 영어가 산업을 지배하고, 할리우드가 영화 제작을 독점하며, 미국의 대중음악이 사방에 퍼져 있는 세상에서 멕시코 문화의 생존 투쟁인 셈이다. 멕시코 사람들은 월마트같이 멕시코에 들어선 미국 체인점에서 쇼핑하는 등 미국 문화의 혜택을 누리고 싶어 하지만 자국의 재래시장이나 경이로운 요리 전통을 잃고 싶은 마음은 없다. 이는 국가적 자존심과도 관련된 것으로 이웃한 강대국에게 괴롭힘을 당하지 않겠다는, 다시 말해 2류 시민 같은 취급을 받지 않겠다는 의지이기도 하다.

버락 오바마가 대통령이 된 후부터 멕시코가 미국을 대하는 태도, 그중에서도 특히 젊은 층의 태도는 꾸준히 개선돼 왔다. 하지만 2016년에 미국의 부동산 거물이자 당시 대통령 후보였던 도널드 트럼프가 멕시코인을 강간범과 마약상이라 칭하면서 멕시코 사람들을 막기 위해 국경에 장벽을 세우겠다고 말해 거센 항의를 불러일으켰다. 멕시코 사람들은 철저히 멕시코다운 방식으로 트럼프에게 응수했다. 이들은 분노에 그치지 않고 대대적이고 유쾌하게 풍자에 나서 엉클어진 머리를 한 트럼프 모양의 피냐타를 만들어 아이들에게 박살내게 했으며 축제 때 그를 본뜬 거대한 종이반죽 상을 만들어 불에 태웠다.

개인적으로 멕시코를 찾는 미국 관광객들은 아무런 문제를 못 느끼는 데다 100만이 넘는 미국인들이 남쪽으로 이주해 정착한다. 멕시코를 찾는 이들이 멕시코와 멕시코 문화를 존중하고 현지 언어를 몇 마디라도 익힌다면 멕시코인들 역시 소문난 대로 따듯하게 환대해 줄 것이다. 그러나 멕시코의 허점을 찾아내고 고정관념에 사로잡혀 야단법석을 떠는 그 미국인처럼 군다면 그다지 환영받지 못할 것이다.


## 미국 내 멕시코인

멕시코에서 미국 이민으로 영향을 받는 가정이 워낙 많기 때문에 이 문제와 관련해서, 특히 합법이든 불법이든 국경을 넘어간 멕시코인들의 처우와 관련해서 격한 감정을 갖는 게 당연하다 하겠다. 멕시코계 미국인이라고 밝힌 3,500만 미국 시민권자들 외에도 대략 600만에 달하는 멕시코인들이 미국에서 합법적으로 일하고 있으며 공식 허가를 받지 않고 살고 있거나 일하고 있는 이들도 약 600만에 이른다.

이민을 가는 주된 이유는 경제적인 문제다. 보수가 더 좋은 일자리를 구해 돈을 모아 고향에 돌아와 잘살 수 있는 기회를 찾아 떠나는 것이다. 불법으로 국경을 넘는 과정 내내 위험이 도사리고 있다. 코요테 혹은 포예로라고 불리는 밀입국 알선업자들에게 돈을 지불해야 하고 제대로 준비하지 않은 이들에게는 치명적일 수 있는 뜨거운 사막을 오랫동안 걸어서 지나가야 한다. 미국에 무사히 도착해서 일자리를 찾은 사람들은 가족에게 돈을 보낼 수 있지만 밀입국자로 살아가는 것은 녹록지 않다. 언제든 체포당해 추방될 수 있고 최저임금을 받으며 가장 천한 일을 해야 하며 수년 동안 가족을 보지 못하기 일쑤다. 그럼에도 멕시코 사람들에게는 아무리 박봉의 일자리라도 미국에 취업할 수 있는 기회는 좌절만 있고 미래가 없는 고향에서의 삶을 벗어나게 해주는 밸브나 다름없다.

마약 밀매 탓에 긴장이 고조되는 국경, 반이민 자경단체들, 그리고 부도덕한 밀입국 알선업자들이 멕시코와 중앙아메리카 출신 이민자의 인권을 유린하는 일은 매일 멕시코 뉴스의 첫머리를 장식한다.

## **외국인에 대한** 태도

대다수 멕시코인들은 미국이나 카리브해 지역 말고는 자국 밖을 여행할 기회가 거의 없다. 그래서 미국에서도 그렇듯 멕시코인이 외국인을 대하는 태도는 편협하고 구시대적이다 못해 지나치게 단순할 정도로 고정관념에 젖어 있는 것처럼 보일 수 있다. 가령, 중동 지역 같은 무슬림 국가 출신을 모두 뭉뚱그려 '투르코(터키인)'라고 부른다. 이런 태도는 레바논이나 시리아나 팔레스타인 출신 이민자들이 터키가 발급한 문서를 들고 멕시코에 왔던 오스만 제국 시절의 유산이다. 레바논 사람들은 장사에 능하다는 평판이 있는데, 실제로도 잘 알다시피 세계적인 부호 카를로스 슬림과 오스카상 후보에 올랐던 할리우드 배우이자 제작자 살마 아예크는 레바논 혈통의 멕시코인이다.

동아시아 사람들 또한 국적이 일본이든 베트남이든 한국이든 상관없이 뭉뚱그려서 흔히들 '치노(중국인)'라고 부른다. 동아시아 혈통을 지닌 이들(또는 멕시코 원주민과 닮은 이들)에게는 무조건 '엘 치노' 또는 '라 치나'라는 별명을 붙여주거나 가끔 애칭을 써서 '치니토' 혹은 '치니타'라고 칭한다. 일본인 관광객은 시장에 갔다가 "안녕하세요, 중국인 손님. 뭘 도와드릴까요?"

라는 친절한 말을 듣고 놀랄 수도 있다.

멕시코 사람들은 외국인 관광객을 진심으로 만나고 싶어하며 그 사람이 사는 나라와 특히 그 사람이 먹는 음식은 물론 그 나라 사람들은 얼마나 버는지, 그리고 그 나라의 날씨

### • 해변 예절 •

멕시코는 해변에서 맨몸을 어느 정도까지 내보여야 하는지에 관해 보수적인 태도를 갖고 있으며 품위법을 시행하고 있는 가톨릭 국가라서 상반신 노출이나 알몸 수영은 보편적이지 않다.

좀 더 편안한 복장으로 해변을 즐기고 싶다면 카보나 푸에르토 바야르타 또는 플라야 델 카르멘에 있는 리조트를 찾아가시라. 자연주의자들이 즐겨 찾는 아주 외진 해변도 있다. 하지만 아이들을 동반한 가족여행지로 매력적인 곳이라면 어디든 상반신 노출에 관대하지 않은 편이니 무턱대고 벗기 전에 현지인에게 꼭 물어보시라.

또한 해변 도시에서 현지 성당이나 은행 또는 시장에 갈 때는 먼저 티셔츠와 긴 반바지나 긴 바지로 몸을 가려야 한다. 비키니나 스피도를 입고 예배당에 들어가면 실례다.

는 어떤지 등을 자세히 알기 위해 영어로 말을 걸 것이다. 또한 관광객의 스페인어 실력도 떠볼 것이다. 이는 대화의 물꼬를 트는 멋진 방법으로서 일단 대화가 시작되고 나면 대개 멕시코에 대해 어떻게 생각하는지 물을 것이다. 가벼운 대화를 이어가면서 계속해서 긍정적인 인상을 주다 보면 친구를 사귀게 될 것이다.

대중교통을 이용할 때나 거리를 지날 때 본인의 생각보다 오래 쳐다보는 사람들이 있을 수도 있다. 그저 호기심 때문에 그러는 것이니 너무 놀라지 마시라.


## 멕시코식 유머

재치 있는 말장난, 창의적인 익살, 저속한 이중 의미가 멕시코식 유머의 기본 요소다. 칸틴플라스라는 이름으로 더 유명한 전설적인 영화배우 마리오 모레노 레예스는 희극적인 타이밍을 타고난 위대한 슬랩스틱 코미디언이었다. 그는 대개 시골에서 대도시로 올라온 메스티소 소년 같은 약자의 역할을 맡았다. 그가 가진 무기라고는 유머와 속사포처럼 빠른 말뿐이었다. 그러나 그가 보여준 연기의 진정한 힘은 영화 속 적수들, 그중에서도 특히 젠체하는 권위자들을 웃기는 말로 꼼짝 못하게 만드는 능력에서 나왔다. 칸틴플라스의 대중 친화력은 말재주를 높이 쳐주는 바리오[*]의 유머였다. 차바 플로레스의 노래와 큰 사랑을 받는 코미디언이자 배우 겸 작가인 로베르토 고메스 볼라뇨스(그의 예명 체스페리토는 '리틀 셰익스피어'에서 따온 것이다)가 만들어 크게 성공한 TV 쇼 〈엘 차보 델 오초〉에서도 이와 같은 유머가 돋보인다. 멕시코 영화계에서 우상으로 추앙받는 또 다른 코미디언은 헤르만 발데스다. 틴 탄으로도 알려진 그가 선사하는 코미디의 일부는 멕시코의 속어와 멕시코계 미국인이 쓰는 스팽글리시를 섞어 쓰는 데서 나온다.

멕시코식 농담은 전적으로 알부르라고 알려진 두 가지 뜻을 지닌 낱말 놀이에 달려 있다. 친구들끼리 대개 알부르를 이용한 정감 어린 욕이나 농담을 한다. 알부르 경연대회가 있을 정도다. 말로 하는 펜싱 경기나 다름없는 이 대회에서 참가자들은 받아치지 못하는 사람이 나올 때까지 교대로 재치 있게 상대방을 깔아뭉개는 말을 퍼붓는다.

멕시코 사람들은 상황마다 코미디거리를 찾아내 재빨리 흥

* 스페인계 주민이 살고 있는 지역이나 지구-옮긴이

내 내는 데 반해 외국인이 자신들이나 또는 뭐가 됐든 자신들이 소중히 여기는 것들을 놀리는 데에는 굉장히 예민하게 반응한다. 모쪼록 농담에 맞장구를 쳐주고 웃는 얼굴로 묵묵히 받아주되 멕시코 축구 대표팀이나 과달루페 성모에 대해서는 농담하지 마시라.

# 03

## 관습과 전통

멕시코 축제의 대다수는 스페인 정복자들이 자국에서 가져온 가톨릭 종교의식 일정표와 연관돼 있다. 아스텍의 수도 테노치티틀란이 함락된 후, 스페인 성직자들은 정복당한 원주민에게 가톨릭 교를 강요하는 데 열을 올리면서 축일과 성인의 날 주기를 시행했다. 그러나 스페인 정복 이전의 신앙과 의식도 무수히 많이 남아 있다.

멕시코 달력에 빼곡하게 자리한 종교 축일과 축제, 국가기념행사 중 어느 날짜에 동그라미가 몇 겹씩 그려져 있다면 그 날짜에 그 마을은 주민들의 준비로 알록달록하게 치장돼 있을게 분명하다.

이와 같은 축제의 대다수는 스페인 정복자들이 자국에서 가져온 가톨릭 종교 의식 일정표와 연관돼 있다. 아스텍의 수도 테노치티틀란이 함락된 후, 스페인 성직자들은 정복당한

원주민에게 가톨릭교를 강요하는 데 열을 올리면서 축일과 성인의 날 주기를 시행했다. 그러나 멕시코 전역을 여행하다 보면 스페인 정복 이전의 신앙과 의식이 무수히 많이 남아 있으며 다채로운 기념행사로 보존되고 있음을 알게 될 것이다.

격동의 멕시코 역사 또한 1년 내내 기념된다. 대표적인 기념일로는 1810년에 파드레

멕시코에서 가장 유명한 문인인 시인 옥타비오 파스는 멕시코의 수많은 축제 덕분에 멕시코의 가난한 이들과 억압받는 이들이 삶을 견딜 수 있게 해준다며 이런 축제를 압력밸브 같다고 표현했다. 그러면서 그는 다음과 같이 썼다. "우리의 축제는 폭발이다. 멕시코의 축제만큼 흥거운 것도 없으며 이만큼 구슬픈 것 또한 없다. 삶과 죽음, 기쁨과 슬픔, 음악과 단순한 소음이 합쳐 있다."

미구엘 이달고가 스페인 타도와 멕시코의 독립을 외쳤던 중요한 '그리토 데 돌로레스(돌로레스의 절규)' 기념일을 꼽을 수 있다.

## 축제와 휴일

멕시코 사람들은 파티를 벌이기 좋아해서 축제를 아주 진지하게 여긴다. 새해 벽두부터 신문마다 앞으로 다가올 공휴일을 공표해 각 가정에서 그에 맞춰 휴가를 잡을 수 있게 해준다. 멕시코에는 1년 내내 여러 유형의 공휴일이 있다. 디아스 데 아수에토라고도 불리는 디아스 페리아도스는 법정 공휴일로서 노동자들은 이날 하루 쉬고 만약 근무를 하면 특근 수당을 받는다.

디아 델 에헤르시토(국군의 날)와 디아 델라 반데라(국기제정 기념일) 같은 시민의 날들도 전국적으로 기념하지만 법정 휴일은 아니다(물론 일부 지자체 관공서는 문을 닫는다).

카르나발(사육제)과 세마나 산타(부활절) 같은 종교 축일은 매년 날짜가 달라지는 부정기 축제일로서 일주일 이상 이어질 수 있다. 디아 데 로스 피엘레스 디푼토스(11월 2일, 죽은 자들의 날) 같은 다른 종교 축일은 날짜가 고정돼 있기 때문에 은행과 관공서는 대개 쉴 테지만 축제는 며칠 동안 이어질 수 있다.

| 멕시코의 공휴일 | |
| --- | --- |
| **날짜** | **공휴일** |
| 1월 1일 | 새해 첫날 |
| 2월 첫째 주 월요일 | 제헌절 |
| 3월 셋째 주 월요일 | 베니토 후아레스 탄생일 |
| 3월~4월 | 성 목요일, 성 금요일, 부활절 |
| 5월 1일 | 노동절 |
| 9월 16일 | 독립기념일 |
| 11월 셋째 주 월요일 | 혁명기념일 |
| 12월 25일 | 성탄절 |

성수기 휴가철이나 지역 축제 기간에는 교통체증이 어마어마하다. 따라서 이들 축제나 휴일을 함께 할 작정으로 미리 교통편과 숙박을 마련해 두지 않는 한 이때 여행하는 것은 피하는 게 상책이다.

## 축제 일정

[ 1월 1일: 새해 첫날 ]

섣달 그믐날에는 전통적으로 집에서 음악을 들으며 술을 마시고 춤을 추면서 송년의 밤을 기린다. 그리고 성탄절 만찬처럼 대가족이 모여 성대한 식사를 한다. 이날 저녁 식탁에는 대개 바칼라오(소금에 절인 대구)와 파보(칠면조)가 올라가며 포솔레(돼지고기나 닭고기로 만든 옥수수 스튜) 또한 즐겨 먹는다. 송년 기념 파티의 절정은 샴페인이나 사이다가 든 유리잔에 12개의 포도알을 넣은 뒤 자정을 알리는 12번의 종이 울리는 동안 다 먹어야 할 때다. 새해맞이 의식으로 액운을 없애기 위해 집안을 청소하고 재출발을 다지며 새 옷을 입고 여행 갈 일이 많아지기를 비는 뜻에서 여행 가방을 들고 거리에 나가며 원하는 색의 속

로스카 데 레예스는 왕관을 표현하기 위해 가운데가 뻥 뚫려 있고 마른 과일로 왕관에 붙은 보석과 작은 아기예수 형상을 연출해서 구워낸 타원형의 달콤한 빵이다. 전통적으로 멕시코 사람들은 1월 6일, 3명의 동방박사 기념일에 가족과 친구들이 함께 모여 이 빵을 먹는다. 또한 이 빵은 대개 핫초코 한 잔과 타말* 을 곁들여 먹는다. 이 빵을 먹을 때 모든 이들이 끝까지 남아 아기예수가 있

는 조각을 누가 먹게 되는지 지켜본다. 왜냐하면 이 조각을 차지한 사람은 2월 2일(성촉절)에 모두에게 타말을 대접해야 하기 때문이다.

옷을 입는다(사랑을 원하는 이는 붉은색, 돈을 원하는 사람은 노란색, 그리고 평안과 건강을 바라는 이들은 흰색을 입는다). 불꽃놀이가 하늘을 수놓으면서 새해가 시작되면 사람들은 새벽까지 파티를 즐긴다.

---

\* 고기나 채소 등을 넣은 옥수수 반죽을 바나나 잎이나 옥수수 잎에 말아서 찐 빵–옮긴이

【 1월 6일: 주현절 】

공현대축일이라고도 불리는 이날은 카스파르, 멜키오르, 발타사르라고 불리는 3명의 동방박사가 아기예수에게 드릴 금과 유향과 몰약을 갖고 베들레헴에 도착한 것을 기념하는 날이다. 멕시코에서는 성탄절보다 주현절에 선물을 받는 아이들이 여전히 많다.

【 2월 14일: 성 발렌타인의 날 】

성 발렌타인의 날은 단지 익명의 연애편지, 꽃, 초콜릿, 낭만적인 저녁식사, 마리아치 세레나데 등과 관련된 축일만은 아니다. 이날은 우정의 날이기도 해서 멕시코 사람들은 친구들과 이날을 기리기도 한다.

【 2월 24일: 국기제정 기념일 】

멕시코의 국기제정 기념일은 1821년에 아구스틴 데 이투르비데가 처음으로 삼색기를 휘날린 날을 기념한다. 삼색기의 삼색은 세로 순으로, 희망을 상징하는 초록색과 통합을 상징하는 흰색, 그리고 멕시코의 독립 영웅들이 흘린 피를 상징하는 붉은색이다. 중앙에 자리한 문장은 태양의 신 위칠로포치틀리가 유목생활을 하던 멕시카족에게 "프리클리페어선인장에 앉아 뱀을 잡아먹고 있는 독수리를 발견한 곳에 정착하라"고 말한 후에 이들이 테노치티틀란을 창건했다는 아스텍의 전설에 기초한 것이다.

【 2월/3월: 사육제 】

사육제는 고난의 사순절에 앞서 마지막으로 펼쳐지는 성대한 잔치다. 따라서 사육제 기간에는 파티, 행진, 미의 여왕, 악대, 꽃수레, 의상의 향연이 대대적으로 펼쳐진다. 밤낮없이 계속해서 춤을 추고 먹고 마시며 술에 취한 사람들이 물과 카스카론

(색종이를 가득 채운 달걀껍데기)을 던지는 등 다채로운 혼돈이 이어진다. 가장 큰 사육제 행사는 시날로아의 마사틀란, 멕시코 연안의 베라크루스, 바하칼리포르니아, 그리고 유카탄의 메리다에서 열린다.

## 【 3월/4월: 성 주간 】

성 주간은 연중 가장 긴 휴일에 속한다. 사실상 2주의 휴일이 이어지기 때문에 멕시코 사람들은 일제히 해변과 고풍스러운 도시로 향한다. 친척들을 만나고 예배행진이나 미사 또는 예수 수난극에 참여하기 위해서다. 특히 예수 수난극은 성 목요

일과 성 금요일에 예수 그리스도가 십자가에 못 박히고 부활한 것을 피 흘리는 모습 그대로 자세하게 재연하는 행사다. 부활절 토요일에는 평판이 나쁜 정치인이나 비웃음을 사는 인물을 본떠 만든 커다란 종이반죽 인형에 폭죽을 가득 담아 '유다 화형식' 때 시원하게 터뜨린다. 오악사카와 치아파스 같은 여러 지역에서 토착 신앙의 의식과 가톨릭 의식이 함께 열려 의상과 기도와 춤이 어우러진 장관이 펼쳐진다. 코퍼 캐년의 타라우마라족이 정성들여 치르는 테기나다 의식은 뿔이 달린 바리사이인과 로마 병사들의 모의전투와 고대의 풍년제와 기우제가 결합된 형태다. 그래서 이들 의식에는 태양신과 달의 신, 샤머니즘, 바이올린과 드럼 소리에 맞춰 성당 주위를 도는 춤, 그리고 수십 리터의 테스기노(옥수수 맥주)가 등장한다.

## 【 4월 25일: 산 마르코스 축제 】

이 축제는 아과스칼리엔테스(아과스칼리엔테스 주의 주도)에서 성마가 축일 1주일 전에 시작해서 2주 동안 더 이어지는 거대한 규모의 주州 축제다. 산 마르코스 축제는 닭싸움, 투우, 로데오 경기, 그리고 멕시코의 정상급 연주자들, 그중에서도 특히 인기 있는 마리아치 연주자들의 공연으로 유명하다.

【 5월 5일: 싱코 데 마요(승전기념일) 】

멕시코 독립기념일과 혼동하지 마시라. 멕시코에서 승전기념일
행사는 주로 푸에블라에서 열린다. 1862년 5월 5일에 이곳에
서 이그나시오 사라오사가 이끄는 멕시코 군대가 무기도 제대
로 갖추지 못한 상황에서 당시 베라크루스에서 멕시코시티로
진군하고 있던 프랑스 침략군을 무찔렀기 때문이다.

【 5월 10일: 어머니의 날 】

멕시코에서 가족의 중요성을 고려할 때 어머니의 날은 큰 행
사다. 이날 어머니들은 카드와 꽃을 받고 심지어 직장에서도
음식을 대접받는다.

가톨릭 축일의 하나인 코르푸스 크리스티*는 그리스도의 몸과 피로 성찬을 베푼 것을 기념하는 날이다. 전국에서 성체행렬이 열리고 카스티요로 불리는 성채에서 펼쳐지는 불꽃놀이가 축제 분위기를 한껏 끌어올린다. 푸에블라에서는 인기 있는 전통에 따라 물리타(작은 아르마딜로 모형)를 구입하고 아이들에게 원주민 의상을 입힌다. 베라크루스 주에 위치한 파판틀라에서는 죽음을 무릅쓴 볼라도르(하늘을 나는 사람)들이 풍년제와 태양숭배와 연관된 콜럼버스 이전 시대의 전통을 이어가고

---

* '예수의 몸'이라는 뜻으로 성체 축일을 가리킴 – 옮긴이

있다. 5명으로 구성된 곡예단이 높은 기둥에 올라간 뒤 한 사람이 꼭대기에 앉아서 피리를 부는 동안 나머지 네 사람은 허리에 묶은 줄 하나만을 의지한 채 기둥 주위를 빠르게 돈다. 볼라도르들은 이렇게 기둥을 중심으로 뱅글뱅글 돌면서 점차 아래로 내려온다. 이때 한 사람당 13번씩 회전해서 전부 합쳐 52회를 도는데, 이는 메소아메리카 달력의 52년 주기를 상징하는 것이다.

【 6월 1일: 디아 델라 마리나(해군의 날) 】

멕시코의 항구도시에서는 해군의 날을 기념하여 군대 열병식이 펼쳐진다.

【 7월 셋째 주 월요일부터 넷째 주 월요일: 겔라게차 】

오악사카에서 열리는 멕시코의 대표적인 전통문화 축제인 겔라게차는 콜럼버스 이전 시대에 옥수수 여신 센테오틀을 기리는 옥수수 축제를 떠올리게 한다. 알록달록한 빛깔의 대향연인 겔라게차 축제에서는 각 지역의 민속춤이 공연되고, 미의 여왕이 아닌 '여신'을 뽑는 행사가 열리며, 사포텍의 마지막 왕자 도나히의 삶을 재연하는 의식이 펼쳐진다.

【 9월 16일: 독립기념일 】

국경일인 독립기념일에는 행진과 불꽃놀이와 전통음악이 어우러져 1810년에 파드레 미구엘 이달고가 스페인에 예속된 멕시코의 독립을 외쳤던 '돌로레스의 절규'를 기념한다. 현직 대통령은 매년 9월 15일 오후 11시에 멕시코 왕궁 발코니에서 텔레비전 연설을 실시해 그날의 절규를 재연한다. 발코니 앞 소칼로 광장에 모인 수많은 군중은 멕시코 국기를 흔들고 돌로레스 종을 울리며 다음과 같은 독립 영웅들의 이름을 외친다. "이달고 만세! 모렐로스 만세! 호세파 오르티스 데 도밍게스! 아옌데 만세! 알다마 이 마타모로스 만세! 멕시코 독립 만세! 멕시코 만세! 멕시코 만세! 멕시코 만세!"

## 【 10월 12일: 민족의 날 】

아직도 일부 주에서는 아메리카 발견의 날로 기념되고 있는 이날은 1492년에 크리스토퍼 콜럼버스가 아메리카 대륙에 도착한 것을 기린다. 요즘 멕시코 원주민 단체들은 이날을 원주민의 토지권 투쟁을 기념하거나 올멕, 아스텍, 마야 같은 콜럼버스 이전 시대의 찬란한 멕시코 문명의 업적을 널리 알리는 계기로 삼는다.

## 【 10월: 국제 세르반테스 축제 】

멕시코의 가장 큰 예술 축제인 국제 세르반테스 축제는 멕시코 중부에 자리한 과나후아토에서 열린다. 전 세계에서 극단과 무용단과 뮤지션들이 찾아온다.

## 【 10월 31일~11월 2일: 죽은 자들의 날 】

죽은 자들의 날은 멕시코를 대표하는 축제로서 시각적으로 가장 인상적이라고 할 만하다. 이 축제는 10월 31일 밤에 시작된다. 죽은 자들은 신의 허락하에 1년에 한 번 이승에 있는 친구와 가족들을 방문할 수 있다는 믿음에 따라 10월 31일부터 11월 2일까지 죽은 자들에게 음식과 꽃을 제물로 바친다. 영혼

이 내려와 '먹을 수 있
도록' 소금과 물이나 죽
은 자들이 생전에 좋아
했던 음식을 차려놓는
다. 묘지에 촛불과 향

을 피워놓고 꽃으로 무덤을 꾸미지만 엄숙한 분위기는 전혀 없
다. 역사의 영향 때문에 멕시코 사람들은 죽음을 친숙하게 받
아들인다. 죽음이 서쪽의 여느 안전지대 너머에 있는 것처럼
죽음을 조롱하고 축하한다. 사방에 전시된 해골과 뼈들은 멕
시코 특유의 공예품이다. 이들 해골과 뼈는 재밌는 구경거리로
깡통에서 초콜릿에 이르기까지 온갖 재료로 만들어진다.

과달루페 성모 축제 때에는 과달루페 성모 마리아 대성당에서 예배를 올리기 위해 전 세계에서 수많은 순례자들이 찾아온다. 원주민 복장을 하거나 소박한 디자인의 헐렁한 원피스를 입은 여러 순례자들이 조금씩 앞으로 나아가서 묵주를 쥔 채 무릎을 꿇고 기도를 올린다. 1974년에 완공된 둥근 모양의 현대식 성당에는 검은 머리와 갈색 피부의 성모 마리아 그림이 자리하고 있다. 이 성모 마리아상은 1531년에 후안 디에고라는 이름의 아스텍족 가톨릭 개종자가 걸치고 있었던 틸마 (용설란 섬유로 만든 망토)에 기적처럼 나타났다고 한다(뒤에 나오는 '기적 같은 과달루페 성모의 발현' 부분 참조). 과달루페 성모상은 멕시

코는 물론 모든 라틴아메리카 나라들에서 단연코 가장 신성한 유물로서 멕시코 사람들의 신앙심뿐만 아니라 열렬한 애국심까지 북돋운다. 이토록 숭배받는 성모상을 보러 오는 순례자들이 너무 많다 보니 과달루페 성당에는 신자들이 빠

르게 이동하면서 스마트폰으로 사진을 찍을 수 있도록 컨베이어벨트 같은 이동식 보도가 설치됐다.

　외벽이 내려앉고 있어 기우뚱한 이 오래된 성당과 두 번째 발현이 일어난 언덕 위의 부속 예배당을 둘러보는 동안, 콘체로스라고 불리는 아스텍 의상을 차려입은 춤꾼과 연주자들이 거대한 광장에서 콜럼버스 이전 시대의 눈부신 광경을 연출한다.

【 12월 16일~24일: 포사다스 】

포사다스 기간에는 가정마다 촛불을 밝히고 거리에는 신도들의 행렬이 펼쳐진다. 이들 행렬은 베들레헴에 도착한 요셉과 마리아가 여인숙(포사다)을 찾기
위해 집집마다 문을 두드려야
만 했던 이야기를 재연하는 것
으로 시작된다. 사람들은 이웃
한 집들을 돌며 비얀시코(크리스
마스 캐럴)를 부른다. 전통에 따
라 행렬의 마지막은 사탕을 가
득 채운 뒤 줄에 묶어놓은 종
이반죽 인형 피냐타가 장식한다. 아이들은 눈을 가린 채 차례
대로 나와서 종이 인형이 터져 사탕이 쏟아질 때까지 막대기
로 피냐타를 후려친다.

## 【 12월 24일과 25일: 나비다드(성탄절) 】

성탄절에 멕시코 가정에서는 가족이 모두 모여 선물을 주고받
고 함께 폭죽을 터뜨린다. 노체 부에나(크리스마스이브)는 중요한
축일로서 많은 가족들이 자정 미사를 포함한 크리스마스이브
미사에 참석하고 함께 크리스마스 캐럴을 부른다. 크리스마스
만찬은 늦은 시간에 시작되는데, 멕시코 전역에서 전통의 바칼
라오(소금에 절인 대구)와 과홀로테(칠면조)부터 레촌(새끼돼지)에 이

르기까지 다양한 요리를 식탁에 올린다. 이 외에도 옥수수 빵 타말과 로메리토라는 아스텍 음식도 먹는다. 그중 로메리토는 섬유질이 풍부하고 로즈마리처럼 생긴 허브를 시금치처럼 요리한 뒤 몰레소스*를 얹어 새우 패티와 함께 곁들여 먹는 음식이다. 크리스마스 만찬 때 먹는 음료에는 와인, 맥주, 사과주스, 그리고 계피를 넣은 뜨거운 과일 화채인 폰체 등이 있다. 선물은 보통 크리스마스이브에 주고받는다. 물론 앞서 말했듯 많은 아이들이 선물을 받는 대표적인 날은 여전히 1월 6일이다. 성탄일에는 가족을 만나거나 휴식을 취하고 레칼렌타도, 즉 전날 거하게 차려서 먹고 남은 음식을 먹는다.

【 12월 28일: 무고한 순교자의 날 】

무고한 순교자의 날은 아기예수를 죽이려는 헛된 의도로 베들레헴에 살고 있는 두 살 이하의 아기들을 모두 죽이라고 명한 성경 속의 헤롯왕 이야기 때문에 생겼다. 현재는 미국과 영국의 만우절처럼 순진해서 잘 속는 사람들을 농담과 장난으로 골탕 먹이는 날이다.

---

* 여러 다른 재료와 향료를 넣어 만든 진한 소스-옮긴이

> ### • 행복한 성인의 날 •
>
> 가톨릭 달력에는 1년 365일에 모두 성인이 표시돼 있기 때문에 옛날 사람들은
> 자신이 태어난 축일의 성인 이름으로 불렸다. 요즘 사람들의 이름은 가톨릭 성
> 인과 크게 연관돼 있지 않지만 사람들은 여전히 자신의 이름과 같은 성인의
> 날이 되면 마치 두 번째 생일처럼 카드와 작은 선물을 받거나 가족에게서 자신
> 의 복을 비는 전화를 받는다.

## 성인들의 날과 성지순례

멕시코 전역의 도시와 마을에는 보통 해당 지역 성당의 수호
성인을 기리는 축일이 적어도 1개씩은 있을 것이다. 성인들의
날에도 신도들은 성지순례에 나서 해당 성인을 기린다. 산 안
토니오 아바드는 동물의 수호성인이다. 이 성인의 축일인 1월
17일이 되면 사람들은 반려동물에게 신부님이 성수를 뿌려줄
수 있도록 개, 고양이, 양, 송아지, 햄스터, 심지어 이구아나까
지 성당에 데리고 온다. 게레로 주에 위치한 탁스코에서는 예

## • 기적 같은 과달루페 성모의 발현 •

멕시코의 영적 심장이자 가장 중요한 성지순례지는 멕시코시티 외곽에 자리한 거대하고 현대적인 바실리카 대성당으로 대표되는 과달루페 성모 마리아 성지다. 참배의 주요 대상은 1531년 12월 9일에 나우아어를 쓰는 쿠아우티틀란의 후안 디에고라는 원주민의 틸마에 기적처럼 나타난 성모 마리아상이다.

소문에 따르면, 후안 디에고가 우연하게도 아스텍족의 어머니 신 토탄친의 신전이 자리한 테페야크 언덕을 지나가고 있을 때 성모가 나타났다고 한다. 갑자기 눈부신 빛으로 나타난 성모께서는 놀란 이 아스텍족 사람을 진정시키기 위해 다음과 같은 말을 되풀이했다. "두려워 말라. 너의 어머니인 내가 여기에

있지 않느냐?" 이후 성모께서 후안 디에고에게 현지 주교에게 가서 그곳에 그녀를 기리는 성당을 세우게 하라고 말했다. 하지만 주교가 그의 말을 무시하자 12월 12일에 다시 나타난 성모께서 후안 디에고에게 언덕에서 꺾은 꽃을 주면서 주교에게 갖다 주라고 일렀다. 이후 놀란 주교는 아름다운 그 꽃과 후안 디에코의 틸마에 새겨진 성모상을 보고 그의 말이 사실임을 확신했다. 그리고 마침내 1533년에 과달루페 성모를 기리는 첫 번째 성당이 완성됐다.

일부 조사관들은 이 기적을 의심하면서 후안 디에고의 이야기와 눈부신 성모는 해당 가톨릭 사제가 빨리 원주민들을 개종시키기 위해 지어낸 신화에 불과하다고 주장했다. 이들은 과달루페라는 이름도 에르난 코르테스와 여러 다른 정복자들의 모국인 스페인의 엑스트레만두라 지역에 있는 과달루페 성모에서 따온 것이라고 지적했다. 이와 같이 기적에 회의적인 사람들이 있음에도 2002년에 교황 바오로 2세가 후안 디에고를 시복하면서 그는 아메리카 대륙의 첫 번째 원주민 성인이 되었다. 그리고 과달루페 성모 대성당은 변함없이 세계에서 가장 많은 이들이 찾는 가톨릭 성지로 남아 있다.

배의 마지막 순서로 최고의 의상을 입고 온 동물을 뽑는다. 멕시코에서 가장 중요한 성지순례는 12월 12일에 멕시코의 수호성인을 모신 과달루페 성모 대성당에서 절정을 맞는다.

# **마법과** 미신

멕시코에 미신이 많은 것은 여러 문화 전통이 뒤섞여 있는 나라이기 때문이다. 스페인 사람들이 유럽에서 들여온 미신이 있는가 하면 가톨릭교에서 나온 것들도 있다. 아울러 과거 콜럼버스 이전 시대의 신앙과 의식에서 유래된 미신들도 있다. 멕시코 사람들은 검은 고양이가 액운을 가져오며 13은 불길한 숫자라고 믿는다. 죽은 자들의 날이 13일의 금요일이 아닌 13일의 화요일이라고 해도 말이다. 가톨릭 전통을 따르는 이들은 어떤 일이 잘 되기를 빌거나 곧 닥칠지 모르는 재난을 피하고 싶을 때 두 손가락을 포개 십자가를 만드는 대신 성호를 그을 것이다.

멕시코에서 브루헤리아(마법)는 낡은 고깔모자를 쓴 채 긴 빗자루를 타는 식이 아니라 일상의 중요한 요소다. 멕시코의 어느 시장에 가든 다른 이들의 엔비디아(시기)를 막아줘서 사랑과 성공과 행복을 가져다준다는 허브나 양초 또는 향수 같은 것들을 파는 가게를 보게 될 것이다.

특히 시골과 원주민 지역에서는 아이들에게 액운이나 병을 불러올 수 있는 저주의 일종인 말 데 오호(악마의 눈)를 널리 믿는다. 붉은 구슬이나 산호로 만든 부적을 차면 이러한 저주의 눈길로부터 안전하다고 여긴다. 또한 아이들이 이 저주에 걸렸다고 생각되면 향이나 담배연기를 피우거나 주술을 외워 치료하는 민간 치료사와 주술사를 찾아간다. 집에서 치료하는 한 가지 방법으 로는 림피아 데 우에보(달걀로 닦아내기)가 있다. 즉, 저주에 걸린 아이의 몸을 달걀로 구석구석 문질러준 다음 달걀을 깨트려 그릇에 담아서 밤새 아이의 침대 밑에 넣어둬 나쁜 기운을 모두 빨아들이게 하는 치료법이다.

쿠란데로(영적 치료사)와 부르호(마녀) 그리고 주술사들은 멕시코 전역에서 저마다의 기술을 펼친다. 의사처럼 치료소에서 일하는 이들이 있는가 하면 폭포 같은 영험이 있는 곳이나 고대 유적지에서 고대 의식을 벌이는 이들도 있다. 치아파스의 산후안 차물라에서는 현지 초칠족* 주술사들이 가톨릭 요소와 코

---

* 치아파스 주의 산악지대에 살고 있는 마야인 종족—옮긴이

## • 사악한 성인들 •

멕시코의 모든 영적 치료술이 긍정 적인 것은 아니다. 시장과 노점에서 판매되는 여러 종교 조각상 중에는 긴 망토를 걸친 해골 성녀 산타 무 에르테와 여자들에게 인기 있는 미 남 배우처럼 콧수염을 기른 시날로 아 출신의 의적 헤수스 말베르데 같 은 이른바 '사악한 성인들'의 상도 있 다. 범죄자들은 이 성인들에게 당국 과 적들에게서 자신들을 보호해 달
라고 빈다. 범죄율이 높은 지역에 살고 있는 가난한 멕시코 서민들 또한 이 성 인들에게 범죄자들에게서 자신들을 지켜달라고 기도를 올린다.

펄* 향과 포시로 불리는 현지 술을 이용하는, 마야의 의식이 결합된 치료 의식을 시행한다. 이때 마야 의식에서 향과 술을

---

* 니스나 래커의 원료인 열대산 수지—옮긴이

쓰는 이유는 환자를 최면 상태로 이끌어 주술사들이 환자의 두 가지 영혼에 침범한 영적 질병을 진단하여 치료하기 위해서다.

멕시코 북부의 시에라마드레 산맥에 거주하는 우이촐족은 고립된 생활을 해온 덕분에 그들 고유의 복잡한 영적 믿음과 의식을 잘 지켜왔다. 태양신과 그의 독수리 아내, 옥수수, 사슴, 뱀, 불 등 이들 부족의 풍부한 상징표현은 수집가들이 높이 평가하는 화려한 빛깔의 직물에 잘 나타나 있다. 뛰어난 치료사로 유명한 우이촐족은 환각효과가 있는 페요테선인장을 이용해 영적 세계로 통하는 길을 연다.

# 04

## 친구 사귀기

멕시코 사람들은 상냥하고 사교적이어서 무리지어 어울려 지내는 것을 좋아한다. 멕시코의 가정은 대가족이 모여 살고 가족 간 유대도 강해서 대다수 멕시코 사람들은 가족과 일가친척과 이웃을 중심으로 친목을 다진다. 온 가족의 친구가 아닌 이들이나 직장동료들도 생일잔치 때나 세례식과 결혼식 같은 가족행사 때는 집으로 초대할 수 있다.

멕시코 사람들은 상냥하고 사교적이어서 무리지어 어울려 지내는 것을 좋아한다. 멕시코의 가정은 대가족이 모여 살고 가족 간 유대도 강해서 대다수 멕시코 사람들은 가족과 일가친척과 이웃을 중심으로 친목을 다진다. 온 가족의 친구가 아닌 이들이나 직장동료들도 생일잔치 때나 세례식과 결혼식 같은 가족행사 때는 집으로 초대할 수 있다. 그러나 보통은 술집이나 식당 또는 공원으로 소풍을 나가 친구들을 만나는 편이다.

멕시코에서 일하는 외국인들이 보기에는 멕시코인들이 직장동료에게 굉장히 빠르다 싶을 정도로 쉽게 퇴근 후 한잔하거나 회식하자는 말을 한다고 생각할 것이다. 그런데 이런 제안은 친구를 사귀는 바람직한 첫 단계다.

집으로 초대해서 가족과 인사를 시키는 것은 아주 대단한

일이다. 따라서 이런 초대를 거절하면 상대가 상처를 받을 수 있다. 집으로 초대받았을 때는 반드시 괜찮은 테킬라나 와인 같은 선물을 가져가시라. 아울러 어떻게든 스페인어로 말하려고 하고 새로운 음식을 먹어보고 어울려 춤을 추며 두루 흥겹게 지내려고 하면 굉장히 고마워할 것이다. 만약 격식을 차린

## • 자국에 거주하는 외국인들에게 친화적인 나라 •

국제 사회관계망 단체인 인터네이션스에서 2015년에 국외거주자에게 최고(및 최악)의 장소를 찾기 위해 실시한 조사에서 멕시코는 에콰도르에 이어 2위를 차지했다. 멕시코는 현지 문화에 쉽게 적응할 수 있다는 점 때문에 높은 점수를 받았으며 친절도와 친구 찾기 항목에서도 2위에 올랐다. 모두 합쳐서 조사에 응한 국외거주자의 70%가 친구를 사귀는 게 쉽다는 데 동의했으며, 37%가 주로 현지 이웃들을 만나는 방법으로 새로운 친구를 사귄다고 답했다.

멕시코는 또한 생활비 항목에서도 높은 점수를 받았지만 노동 시간(너무 김), 고용안정성(충분치 않음), 그리고 신변안전(그다지 안전하지 않음) 항목에서는 낮은 점수를 받았다. 61개에 달하는 조사대상국 가운데 에콰도르와 멕시코 그리고 몰타가 선두권에 올랐다.

다거나 함께 노래를 부르거나 림보 춤을 추자고 간청해도 고집스럽게 사양한다면 아구아피에스타스(흥을 깨는 사람)로 낙인 찍히기 십상이다.


## 언어 장벽

멕시코를 처음 찾은 이들이 맞닥뜨리는 가장 큰 문제 중 하나가 언어 장벽이다. 스페인 회화를 할 줄 모르면 자발성이 떨어지고 자신의 개성을 드러낼 수 없다. 관용구나 정신없는 몸짓 표현에 국한되거나 번역 앱에 의존한다면 밤 외출이 껄끄러울 수 있다. 늘 그렇듯 친절한 멕시코 사람들이라면 그런 이방인이라도 사교행사에 끼워주고 그들이 쓰는 표현과 농담을 설명해 주려고 할 테지만 그와 같은 그들의 언어를 모르면 사람들과 잘 지내기 어렵다. 스페인어 수업을 들으면 자신감과 함께 새로운 어휘를 익힐 수 있고 회화 실력을 평가받을 수 있다. 뿐만 아니라 함께 수업을 듣는 이들 및 강사와 친분을 쌓아 그들에게서 현지 문화나 멋진 식당과 인기 있는 단골집 정보를 얻을 수 있다.

## 현지인같이 생각하라

외국인들은 가끔 멕시코에서 사람을 만나기 어렵고 자신이 사는 건물이나 동네에 아는 사람이 거의 없다고 불평하곤 한다. 멕시코 사람들이 하는 대로 하라. 그리고 이웃이나 신문가판대에서 일하는 소년이나 주스 노점의 아가씨에게 항상 "부에노스 디아스!"('안녕하세요'라는 아침 인사)나 "부에나스 타르데스!"(같은 뜻의 오후 인사)라고 말하시라. 자신을 소개한 뒤 사람들에게 이름을 묻고 다음번에는 그들의 이름을 기억하시라. 이렇게 하면 자신도 모르는 사이에 빠르게 현지인들의 입에 오르내리는 인물이 되어 별명까지 얻게 될 수도 있다.


## 유행대로 늦게 가라

사교상의 약속에 영국에서처럼 정확히 시간을 지켰다가는 친구를 한 명도 못 사귈 것이다. 파티에 초대받았을 때 제시간에 갔다가는 파티를 주최한 멕시코 아가씨가 아직도 머리를 손질하는 중이라서 옷도 갖춰 입고 손님도 접대해야 하므로

## • 별명이 뭐가 문제지? •

멕시코식 유머는 주로 재치 있는 말장난과 이중 의미에서 나오는 터라 멕시코에서는 사람들의 이름으로도 익살을 부린다. 먼저 짧은 형태부터 살펴보면 다음과 같다. 판초나 파코는 프란시스코, 메모는 기예르모, 랄로는 에두아르도, 추초나 추이는 헤수스, 체페는 호세, 루페 혹은 루피타는 과달루페, 콘치타는 콘셉시온, 그리고 쿠카는 마리아 델 레푸히오의 재밌는 애칭이다.

멕시코에서는 헷갈리지 않는 선에서 거의 모두가 별명을 갖고 있는데 대부분 학창시절에 놀림용으로 붙여진 것들이다. 간혹 반어법을 써서 별명을 짓기도 해 무리에서 가장 마른 사람을 '엘 고르도(뚱땡이)'로, 가장 잘 생긴 이를 '엘 페오(못난이)'라고 부른다. 그러나 보통은 있는 사실을 그대로 별명에 반영하기 때문에 간혹 미국이나 영국 사람이 듣기에 정치적으로 온당하지 않을 수 있다. 특히 무리에서 가장 예쁜 아가씨를 '라 게리타(귀여운 금발 여자)', 얼굴 생김새가 아메리카 원주민을 닮은 아가씨에게 '라 치니타(귀여운 중국 여자)', 피부색이 가장 짙은 이를 '라 네그라(흑인)', 그리고 가장 마른 이를 가리켜 '라 칼라카(뼈다귀)'라고 부를 때 더 그렇다. 멕시코에서 가장 유명한 마약왕도 예외는 아니다. 체구가 아주 작은 호아킨 구스만은 '엘 차포(땅딸이를 뜻하는 '차파로'에서 따옴)'로, 무시무시한 오스카르 게레로는 꽤 기이하게도 '엘 위니 푸'로 불리며 아마도 카리요 푸엔테스는 '엘 세뇨르 데 로스 시엘로스(하늘의 신)'라는 거창한 별명을 갖고 있다.

달가워하지 않는 표정을 띠기 십상이다. 이 나라 사람들은 어떤 행사든, 심지어 결혼식이나 세례식이나 장례식 때도 최소한 30분 늦게 나타나는 편이다. 이와 같이 지각하는 풍토는 어쩔 수 없는 현실이므로 사람들이 오후 8시에 와주기를 정말로 원한다면 약속 시간을 7시 30분으로 잡는 게 좋다. 이렇게까지 해도 몇몇은 9시에 올 것이라고 예상해야 한다. 데이트를 할 때도 마찬가지라서 약속 시간에 왜 안 오는지 문자를 보내기 전에 최소한 20분 정도는 기다려야 한다. 대세를 따르고 멕시코식 시간관념을 편하게 받아들이는 게 이롭다.

## 대화 유발자와 중단자

멕시코 사람들은 함께 어울려 놀 때 가볍고 유쾌한 분위기를 이어가고 싶어 해서 공통의 관심사를 찾으려고 서로의 가족 이야기를 하거나 좋아하는 음악이나 술이 뭔지를 알려고 하고 멕시코에 대해 어떻게 생각하는지를 물어본다. 그렇다고 이때다 싶어 자신이 생각하고 있는 것들을 줄줄이 이야기한다면 오산이다. 멕시코 사람들은 조국을 굉장히 자랑스럽게 생각하기 때문에 멕시코를 비판하는 것에 민감하게 반응한다. 특히 미국과 얽힌 험난한 역사를 고려하면 더 그렇다. 현지인들은 멕시코시티의 공해 수준, 비현실적일 만큼 부조리한 정치 스캔들, 마약소탕전에 따른 비극적인 사상자 수 등에 대해 불평할 수 있지만 멕시코를 찾은 외국인이 똑같이 그런 이야기를 한다면 좋게 받아들여지지 않을 것이다.

## 국외거주자 단체

멕시코시티와 과달라하라 그리고 몬테레이에 위치한 다국적기업에서 수천 명의 외국인 근로자들이 일하고 있고 100만이 넘는 미국인들이 멕시코에 거주하기 때문에 국외거주자 단체에 가입하는 것 또한 사교의 폭을 넓히는 방법이 될 수 있다. 차팔라 호숫가에 자리한 아히힉과 산 미구엘 데 아옌데 같은 은퇴촌에는 1년 내내 영어와 스페인어로 진행되는 활동과 문화행사가 풍성하다. 유카탄 지역과 엔세나다나 플라야스 데 로사리토 또는 푸에르토 바야르타 같은 휴양지에 형성된 현지 국외거주자 사회는 겨울철만 되면 '피한객'들로 북적거려서 현지생활에 적응하게 해줄 영어로 진행되는 활동을 찾는 데 아무런 문제가 없을 것이다.

국제 사회관계망 단체 인터네이션스는 멕시코시티와 과달라하라와 몬테레이에 지부를 두고 칵테일파티, 브런치 모임, 타코 시식회, 스포츠 행사, 영화의 밤 등을 진행해 젊은이는 물론 그다지 젊지 않은 국외거주자들에게 선배 국외거주자들과 현지인들을 만나게 해주고 있다. 멕시코의 또 다른 국제 관계망 사이트인 미트업닷컴MeetUp.com 또한 독서 모임부터 체스 모임과 외국어회화 모임 그리고 라틴댄스 모임까지 다양한 행사와 활동을 진행하는 단체들을 찾는 데 아주 유용하다.


## 연애

외국에서 그 나라의 말뜻을 이해하기 힘들다면 모든 문화가 함축돼 있는 사랑을 찾아나서는 길은 지뢰밭이기 쉽다. 멕시코에서 연애작업은 여전히 성행하는 전통으로, 마초 남성들은 연모의 대상에게 야단스럽게 영원한 사랑을 맹세하고 꽃과 초콜릿을 선물하며 불시에 마리아치 세레나데를 퍼붓는다.

이와 같은 옛날식 태도는 여자들에게 보여주는 일반적인 예의와 친절에서도 드러난다. 가령 여자들을 위해 문을 열어주고 데이트 때 모든 비용을 책임지며 여자의 집까지 안전하게 데려다준다. 이런 식의 모든 연애의 단점은 통속극에 잘 드러나듯 감성과잉, 소유욕, 질투, 그리고 거절에 대한 미성숙한 반응 등이 아닐까 싶다(대다수 마리아치 노래들의 가사만 들어봐도 알 수 있다).

대도시에 사는 젊은 층은 틴더Tinder 같은 스마트폰 데이팅 앱을 통해 사랑을 찾고 있다. 데이팅 웹사이트를 이용하는 것 또한 여러 사람과 데이트할 수 있는 효과적인 방법이 될 수 있다. 하지만 특별히 현지인과 외국인을 연결해 주려는 사이트들은 피해야 한다. 오로지 돈을 목적으로 운영되는 곳일 수도 있기 때문이다. 멕시코 사람들은 언제나 기쁘게 만남을 주선하기 때문에 직장이나 국외거주자 모임 또는 사회관계망 사이트에서 친분을 쌓으면 여러 사람들이 서둘러 어울리는 짝을 소개해 주기 시작할 것이다. 이런 식으로 모임을 통한 만남은 여럿이 함께 만나는 덕분에 첫 번째 데이트의 부담감을 덜어주어서 성공 확률이 높다. 아울러 여러 사람을 소개받으면서 인간관계의 폭도 넓어질 것이다.

# 05

# 멕시코인의
# 가정생활

멕시코는 남성우위 사회로 유명하지만 가정과 가족의 중심은 대개 전권을 쥐고 있는 어머니나 할머니가 차지하고 있다. 요즘은 상근직으로 일하는 여성들이 많아졌지만 여전히 요리 및 청소와 육아를 책임지고 있는 이들은 여성이다. 또한 많은 여성들이 가정 경제를 관리하면서 청구서를 처리하고 장을 보며 크리스마스나 생일 또는 세례식 같은 가족행사를 준비한다.

멕시코 주택의 모습은 그 안에 살고 있는 사람들만큼이나 다양하다. 대도시 갑부들은 수영장이 있고 일꾼들이 집안일을 돌보는 호화로운 펜트하우스에서 살고 시골 지주는 널찍한 스페인풍 농장에 산다. 중산층은 도심의 고급 주택지에 자리한 2~3층짜리 주택이나 모든 편의시설이 갖춰진 번쩍이는 고층 아파트, 또는 교외에 새로 건설된 주택지에 살고 있다. 노동자 계층은 1970년대에 조성된 방대한 공공주택단지의 고층 콘크리트 아파트에 세 들어 살고 도시 빈민층은 멕시코 주요 도시들을 에워싸고 흉하게 퍼져 있는 판자촌에서 바글바글 모여 산다. 유카탄 지역의 마야인은 아직도 특유의 1층짜리 타원형 집을 짓고 사는데, 토담과 초가지붕의 이런 집들은 수세기 동안 그 모습이 거의 변하지 않았다.

## 도시의 부상

1900년대부터 사람들은 시골 지역에서 도심지로 꾸준히 이동해 왔다. 1900년에는 인구의 10%만 도시에 살았지만 1910년에 격동의 멕시코 혁명이 일어나고 이후 경제 산업화 운동이 펼쳐지면서 이러한 균형은 바뀌기 시작했다. 요즘에는 멕시코 인구의 80%가 도시에 살며 그중에서도 대다수가 멕시코를 대표하는 4대 도시인 멕시코시티, 과달라하라, 푸에블라, 몬테레이와 더불어 국경 도시인 후아레스와 티후아나에 거주한다.

더 나은 삶을 찾아나서는 이들에게 가장 매력적인 곳은 여전히 멕시코시티다. 이 거대 도시가 주변 소도시와 교외 지역을 대대적으로 흡수하면서 팽창을 거듭해 현재 멕시코시티 광역 도시권에는 2,200만이 넘는 인구가 살고 있다. 그 결과 멕시코시티는 서반구에서 가장 큰 광역도시권으로 올라섰고

### • 엄마가 가장 잘 안다 •

멕시코는 남성우위 사회로 유명하지만 가정과 가족의 중심은 대개 전권을 쥐고 있는 어머니나 할머니가 차지하고 있다. 상황이 서서히 바뀌고 있고 상근직으로 일하는 여성들이 많아졌지만 여전히 요리 및 청소와 육아를 책임지고 있는 이들은 여성이다. 또한 많은 여성들이 가정 경제를 관리하면서 청구서를 처리하고 장을 보며 크리스마스나 생일 또는 세례식 같은 가족행사를 준비한다.

이와 같은 모계중심 체제는 멕시코 문화에 깊게 자리하고 있는데, 역사적으로 많은 아버지들이 오랜 기간 집을 떠나서 일해야 했던 나라에서는 요긴한 체제다. 멕시코의 수호성인 과달루페 성모를 향한 전 국민의 강한 신심에는 이와 같이 어머니들을 숭배하는 풍토가 배어 있다.

미국에서는 '너희 엄마'로 시작하는 농담이 인기를 끌지 모르지만 멕시코에서 엄마를 모욕했다가는 위험을 각오해야 한다.

세계에서 10번째로 큰 도시이자 세계의 스페인어권 도시 가운데 가장 큰 도시가 되었다. 또한 멕시코시티에는 400만이 거주하는, 세계에서 가장 큰 빈민가로 꼽히는 네사 찰코 이차 판자촌이 존재한다.

## 가사도우미

멕시코에서는 많은 이들이 가사도우미의 손을 빌린다. 이런 도우미들은 부잣집에서 유니폼을 입고 일하는 가정부, 유모, 기사, 정원사부터 엄마가 직장에 다니는 집에 일주일에 한 번씩 방문해 청소와 다림질 등을 해주는 여성까지 다양하다. 대다수 전문직 종사자들은 일주일에 한 번 이상 와서 청소를 해주는 도우미를 쓰는데, 이런 도우미들이 심부름을 해주고 세탁과 요리까지 대신해 줄 때도 많다.

부유층과 상위 중산층 사람들은 집에 일하는 사람을 두는 것을 높은 사회적 신분의 상징으로 여긴다. 입주 도우미는 대개 숙식을 제공받는 대가로 최저임금보다도 적은 보수를 받기 때문에 많은 이들이 부릴 수 있는 사치에 속한다. 이들 도우미중에는 한 집에서 수년간 일하면서 여러 세대와 친분을 쌓는 이들도 있다. 고용주가 가정부의 자녀들을 위해 교육비를 대주거나 아이들의 생일에 파티를 열어주기도 한다.

고용주와 도우미의 관계가 언제나 그렇게 호의적인 것은 아니다. 그래서 멕시코의 인권단체들은 가사도우미들에게도 노동법의 보호 아래 최저임금, 근무 시간 조정, 의무휴식, 유급휴가, 그리고 연금제공 등을 보장해 줄 것을 요구하고 있다.

가정부, 유모, 요리사 같은 가사도우미는 멕시코로 이주한 외국인들이 적응해야만 하는 문화이기도 하다. 일반적으로 멕시코 사람들은 가사도우미를 고용하는 것이야말로 실업자 처지에 놓일 사람들을 도와주는 방법이라고 주장한다. 가사도우미를 알선해 주고 이전 고용주들이 써준 추천서까지 제공하는 대행업체들도 있지만 많은 이들이 친구나 직장동료의 추천에 의지하는 편이다.

고용한 가사도우미의 호칭과 관련해서는 그들의 이름을 부르는 게 제일 좋다. 이들을 가리키는 일부 용어에 경멸의 뜻이 담겨 있음을 알아야 한다. 많은 멕시코 사람들이 '라 엠플레아다(고용된 도우미)'라고 부를 테지만 '라 무차차(집안일을 돕는 소녀 및 여자)' 혹은 '라 차차(소녀)'라고 하면, 그것도 특히 40~50대 성

# • 연속극 속 가사도우미 •

멕시코의 인기 있는 텔레비전 연속극에서는 유니폼을 입은 가정부들이 주연급이거나 아니면 복선과 음모에 관련된 중추적인 역할을 한다. 1960년대에 <마리아 이사벨>같이 장기 방영된 TV 드라마에서 가정부가 주인공으로 부상했는데, 이는 당시 부잣집에서 일하기 위해 멕시코시티에 온 가난한 집 출신의 젊은 여성들이 점점 늘어나고 있던 시대 상황이 반영된 것이다. 그런데 이런 여성들 가운데 상당수가 원주민 공동체 출신이었다.

이들 연속극의 방영 시간대는 가사도우미들이 점심식사 이후 설거지를 마친 다음 저녁 준비를 하기 전까지 잠시 쉬는 동안 볼 수 있게 하려고 오후에 편성돼 있었다.

많은 연속극이 가난한 가정부 아가씨가 잘생긴 주인집 아들의 품에서 행복을 찾는다는 단순하기 짝이 없는 신데렐라 이야기를 재탕하지만 현실은 그렇게 낭만적이지 않다. 멕시코의 입주 도우미들은 저임금에 시달리며 장시간 일하고 유급휴가나 연금도 받지 못하며 가족과 멀리 떨어져 살고 있다. 게다가 대개는 가사일의 범위나 시간 또는 급료의 개요가 담긴 계약서를 작성하지 않아서 얼마든지 착취를 당할 수 있다.

인 여자에게 그런 호칭을 쓰면 깔보는 것처럼 들릴 수 있다. 또한 '라 시르비엔타(하녀)'는 요즘 같은 세상에 부적절하게 들릴 수 있다. 가장 모욕적이라서 반드시 삼가야 할 명칭은 '라 가타(고양이)'와 '라 크리아다(길러진)'다. 이것들은 과거 10~12세 정도의 어린 가난한 집 여자아이를 들여 집안일을 시켰던 시대에 쓰던 말이다.

## 일상

틀에 박힌 이미지대로 솜브레로*를 쓰고 그늘에 쭉 뻗고 누워서 조용히 사람들을 구경하고 있는 멕시코인은 잊어버려라. 대다수 멕시코인의 일상은 곡예를 부리듯 일도 하고 가족도 챙기고 대중교통을 이용해 몇 시간씩 출퇴근을 하며 해가 지면 이 사람 저 사람 만나느라 정신없이 흘러간다.

멕시코 중산층은 지난 20년 동안 급격히 늘어나 인구의 약 35~40%에 이른다. 하지만 다른 40%는 아직도 빈곤하게 살며 '가진 자'와 '못 가진 자'의 격차, 그중에서도 특히 시골 지역에

---

* 챙이 넓은 멕시코 모자–옮긴이

서의 빈부 격차는 계속해서 멕시코 사회의 문제가 되고 있다. 그렇다 보니 많은 사람들이 일찍 하루를 시작해서 아주 늦게 일과를 마치기 십상이다.

멕시코 사람들은 사는 데가 어디든 음식은 중요한 역할을 하므로 여전히 직접 만들어서 먹는 편이다. 많은 아내와 어머니들은 첫 번째 일과로 프라이팬에 옥수수 토르티야를 부치고 달콤한 롤빵과 함께 먹을 커피를 만든다. 집에서 아침을 가볍게 먹었을 때는 대개 고르디타*나 케사디아**또는 타코 데 노팔(노팔선인장 타코) 같은 길거리 간식이나 안토히토***로 보충한다.

* 작고 도톰한 옥수수 반죽 안에 양념한 재료를 넣고 기름에 튀겨 완성하는 음식-옮긴이

** 토르티야 사이에 고기, 야채, 치즈, 해산물 등을 넣어 구운 요리-옮긴이

*** '작은 갈망'이라는 뜻으로 멕시코의 길거리 음식을 통칭하는 말이다-옮긴이

멋진 밤 외출을 즐기고 다음날인 주말에는 좀 더 푸짐한 아침을 먹지 않을까 싶다. 바로 이때 멕시코 사람들은 튀겨서 바삭바삭한 토르티야 칩에 매콤한 토마토소스를 부어 조린 뒤 치즈를 얹어 완성하는 칠라킬레스나 토르티야에 달걀 프라이를 두어 개 얹은 뒤 삶아서 튀겨놓은 콩과 살사소스를 부어 만든 우에보스 란체로스를 먹을 것이다. 우에보스 모툴레뇨스로 불리는 유카탄식 우에보스 란체로스 역시 옥수수 토르티야에 햄과 콩과 플랜테인*을 넣어 매콤한 살사소스를 부은 요리로서 푸짐한 아침식사용이다.

장거리를 통근하는 이들이나 시장에 가판대를 설치해야 하는 상인들은 아주 이른 아침인 5시부터 하루 일과를 시작하기 일쑤다. 보통 아침 8시~8시 30분경에 업무를 시작하고 오전 10시 30분이나 11시쯤이면 알무레소(아침밥) 시간으로 커피와 달콤한 빵이나 안토히토를 먹는 시간이다.

코미다나 코미다 푸에르테(든든한 식사)로 알려진 점심은 대개 세 끼 중 가장 잘 챙겨 먹는 식사다. 그래서 흔히 타케리아(타코 가게)나 싼 가격에 점심 세트메뉴를 파는 폰다 혹은 론체리아로 불리는 작은 식당에서 먹곤 한다.

---

\* 바나나 모양의 열매로 채소처럼 요리해 먹는다-옮긴이

시골 지역에서는 많은 사람들이 일과를 일찍 끝내지만 도시의 사무실은 저녁 7시경에나 끝나기 때문에 직장인들은 저녁 8~9시쯤에 집에서 가족과 함께 간단히 저녁을 먹거나 음식을 파는 노점이나 술집 또는 식당 등에서 친구나 직장동료와 함께 가볍게 끼니를 때운다. 퇴근할 때 친구를 집으로 데려가 가족과 함께 식사하는 일은 드물다. 따라서 이런 초대를 받는다면 굉장히 특별한 대접을 받는 셈이다.

주말에는 술집이나 간이식당에서 술을 마신 뒤 대개 타코 가게나 안토히토를 파는 노점에서 야식을 먹는 것으로 하루를 마감한다.


## 장보기

대도시에서는 번듯한 슈퍼마켓뿐만 아니라 월마트나 코스트코 같은 미국의 대형마트 체인점도 쉽게 볼 수 있다. 그러나 대다수 멕시코 사람들은 여전히 대형 재래시장이나 동네 노점에서 음식재료를 산다.

시장에 가면 상인들과 이야기를 나눌 수도 있고 구입하기 전에 시식도 할 수 있다. 수북이 쌓인 알록달록한 고추를 비롯해 각종 채소, 외국산 과일, 그리고 부위별로 파는 고기는 오감을 자극해서 요리사의 본능을 일깨운다. 시장은 또한 과일 주스나 멕시코 전통 요리를 즐길 수 있는 최고의 장소이기도 하다. 앉아서 먹을 수 있는 노점 식당에서는 안토히토와 코미다는 물론이고 포솔레*, 틀라유다(간혹 '멕시코 피자'로도 불리는 오악사카식 토르티야 요리), 그리고 차풀리네스(메뚜기 튀김) 같은 인기 요리를 판다. 멕시코 사람들은 들러야 할 가게나 시장을 중심으

로 주간 계획을 세워서 특정일에 각 물품들을 사고 제철 상품이나 특가품은 나올 때마다 바로 구입한다.

멕시코시티의 거대한 라 메르세드 시장에 가면 멕시코에서 가장 큰 규모의 먹거리 시장이 펼쳐지는 데다 대걸레나 빗자루 또는 양동이 같은 것들도 구입할 수

* 옥수수 알갱이와 돼지고기를 넣어 푹 끓인 스튜-옮긴이

있다. 인근에는 현지인에게 '메르카도 데 로스 브루호스(마녀들의 시장)'라고 알려진 소노라 시장이 볼품없이 뻗어 있다. 소노라 시장을 찾는 이들은 아주 다양한 종류의 약용 허브, 물약, 부적, 성상, 색 양초, 그리고 온갖 이상하고 해괴한 물품들을 구입한다. 뿐만 아니라 이곳에서는 손금도 볼 수 있고 사악한 기운을 없애주는 향기로운 향도 듬뿍 쐴 수 있으며 이성을 반하게 하는 향수도 살 수 있다. 기이하게도 사람들은 죽음의 신 성상들로 가득한 이 시장에 와서 아이들의 장난감과 옷과 피냐타를 산다.

## 교육

멕시코에서는 좋은 교육을 받는 것을 중요하게 여긴다. 6세부터 15세까지의 모든 아이들은 공립학교를 무료로 다닐 수 있지만 공교육 수준에 상당한 편차가 있어서 특히 시골 지역에서의 중퇴율이 굉장히 높다.

공립학교에 불리한 영향을 미치는 또 다른 요인은 교사 노조다. 140만의 조합원을 거느린 전국교육노동자조합SNTE은 라

틴아메리카에서 가장 영향력 있는 노조에 속한다. 그러나 노조 지도부를 둘러싸고 부패 혐의가 끊임없이 제기돼 오면서 교사들의 항의와 탈퇴한 산하 노조들과의 분쟁이 이어져 교육 개혁의 속도가 느려졌다.

일부 학부모들은 자식들의 더 나은 미래를 위해 큰 희생을 감수하면서까지 사립학교에 보낸다. 이들 사립학교는 교실 한 칸이 전부인 시골의 작은 학교부터 운전기사와 유모가 아이들의 통학을 돕는 으리으리한 명문 학교까지 아주 다양하다. 그 중 제일은 스페인어뿐만 아니라 영어까지 가르쳐 상류층과 외국인 거주자들의 구미를 맞춰주는 2개국어 사용 학교들이다.

대다수 도시에는 20~30대에 다시 교육을 받으려는 직장인들이 갈 만한 사립학교와 전문학교들이 아주 많다. 이런 학교

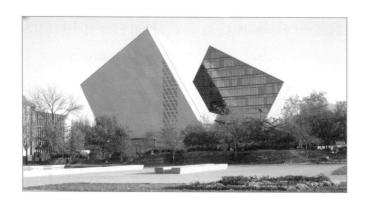

들에서는 야간에 영어, 법, 회계, 미용, 치의학 등의 수업을 진행한다.

멕시코 중간층과 상류층은 좋은 학교를 다니고 좋은 대학을 우수한 성적으로 졸업한 뒤 해외에서 일반 석사나 경영학 석사 학위를 따야 좋은 직장에 들어갈 수 있다고 생각한다.


【학제】

현행 공교육제에서 의무무상교육은 6~12세 어린이들이 다니는 초등학교부터 시작된다. 물론 3~4세 아이들이 다니는 유치원까지 무상교육을 확대할 계획이다.

13~15세가 다니는 중등학교 또한 의무교육이다. 예비학교는 고등학교와 같아서 예비학교 학생들은 4년제 대학이나 전

문대학 입시를 준비한다. 이 과정 또한 의무교육이지만 실상은 대다수 젊은이들이 중등학교를 끝으로 진학을 하지 않고 일부는 그 전 과정에서 학교를 마친다.

공립학교와 사립학교 모두 교육부에서 정한 교육과정과 오전 8시 등교 및 오후 1시 하교를 따라야 한다. 그러나 사립학교들은 대개 과외과목을 개설해서 하교 시간이 더 늦거나 방과 후 수업이 오후까지 진행된다.

## 영어 교육

멕시코가 오랫동안 북쪽에 이웃한 영어권 국가와 국경을 맞대고 있고, 수많은 멕시코 사람들이 일자리를 찾아 국경을 넘거나 멕시코 주재 미국 기업에서 일하고 있으며, 매년 영어권 나라들에서 멕시코를 찾는 이들이 수백만에 달한다는 점을 고려하면 멕시코의 수많은 어학원에서 많은 학생들이 열성적으로 영어 수업을 듣고 있는 게 놀랄 일은 아니다. 정작 놀라운 점은 초등학교부터 중등학교까지 의무적으로 영어를 배우는데도 영어를 구사할 수 있는 멕시코인이 너무나 적다는 사실이다.

국경 도시와 관광지 그리고 대도시에서는 영어를 어느 정도 구사할 수 있는 사람을 만나기가 별로 어렵지 않다. 하지만 시골로 가면 그런 사람을 만나기 어렵고 스페인어가 제2언어인 원주민 지역에서는 훨씬 더 어렵다.

영어권 출신의 방문객 입장에서 이와 같은 영어 배우기 열풍의 한 가지 장점을 꼽으라면 많은 이들이 영어권 외국인을 상대로 자신이 배운 영어를 연습하길 원한다는 점이다. 그들의 연습 상대가 돼주는 대가로 스페인어를 몇 마디 배울 수 있지 않을까 기대가 되기 때문이다.

## 가족 행사

부유한 집이나 가난한 집이나 국경일과 종교휴일 축하식, 세례식, 결혼식, 생일, 킨세아녜라* 등의 가족행사에 친구들과 가족들이 다 모인다. 멕시코를 여행하거나 멕시코 사람들과 같은 직장에서 일하다 보면 운 좋게도 이들 행사에 초대받을 수도

---

* 라틴아메리카 나라들에서 일종의 성인식처럼 여자아이가 15번째 생일을 맞으면 해주는 성대한 생일 파티를 뜻하는 말-옮긴이

있다. 멕시코와 멕시코 사람들의 진짜 삶을 들여다보고 싶다면 이들 행사에 꼭 참석해 보시라.

엘 바우티소(세례식)는 아이가 세례명을 받는 의식으로 대개 출생 직후 예배 때 가족과 친한 친구들이 참석해서 축하해 준다. 세례식은 선물을 받는 즐거운 행사여서 보통 세례식이 끝난 후에 음악과 음식과 술이 어우러진 파티가 열린다.

프리메라 코뮤니온(첫 영성체)은 7세 이상 12세 이하 나이대의 어린 가톨릭 신자들이 그리스도의 몸과 피를 상징하는 성찬용 빵과 포도주를 처음 먹는 날이다. 대개 상하의 모두 흰

색 옷을 입고 흰 장갑을 낀 남자아이들과 여자아이들이 순수성을 상징하는 흰색 양초를 들고 단체로 영성체를 한다. 남자아이들은 종종 긴소매의 과야베라 셔츠를 입고 여자아이들은 베일을 쓰거나 꽃으로 만든 머리띠를 착용하기도 한다.

콘피르마시온(견진성사)은 15~16세 무렵의 청소년이 성당의 특별 미사 때 가톨릭 신앙을 확정하는 의식이다.

【 고운 15세 】

멕시코 소녀들에게 중요한 행사는 일종의 성인식으로 간주되는 피에스타 데 킨세 아뇨스(15세 생일 파티)다. 정성들여 준비하는 이 파티는 미국의 16세 생일 파티보다 오히려 결혼식과 더 비슷하다. 예산에 따라 주인공 소녀는 드레스를 입고 화관이나 보석이 박힌 왕관을 쓰며, 정장과 드레스를 차려입은 가장 가까운 친구들의 시중을 받는다. 전통적으로 이 행사는 성당에서 미사를 보는 것으로 시작된다. 이후 성당 계단에서 사진을 찍은 다음 파티가 열린다. 파티의 주인공이 아버지와 왈츠를 추고 나면 건배와 마리아치 밴드의 세레나데 연주가 이어지고, 그다음에는 라이브 밴드나 DJ가 밤까지 음악을 책임진다. 킨세아녜라 기념 선물은 과하다 싶을 정도로 덩어리가 크

다. 한때는 딸의 성인식 선물로 미국 여행이 엄청 유행했다. 그런데 요즘에는 유럽 일주를 보내주는 집도 있고 심지어 차를 사주는 부모들도 있다. 가난한 집에서는 드레스도 직접 만들어 입히고 파티도 집에서 열어줄 테지만 모두가 특별하게 15세 생일을 축하해 주려고 노력한다.

【 결혼식 】

멕시코에서 결혼식만큼 흥겹고 화려하고 돈이 많이 드는 행사도 없다. 법에 따라 세속 결혼식을 올리기 전까지는 진짜 부부가 아니기 때문에 성당에서 결혼하고 싶은 예비부부는 먼저 세속 결혼식부터 치를 것이다. 가장 간편하고 돈이 덜 드는 방법은 호적등기소에서 결혼하는 것이겠지만 여유만 된다면 치안판사를 불러서 집이나 역사적으로 유명한 농원 또는 해변에서 결혼할 수도 있다.

금기를 깨고 동성결혼에 대해 좀 더 관용적인 사회 분위기를 조성하기 위해 멕시코시티 시정부는 시 중앙에 자리한 소칼로 광장에서 이성 커플뿐만 아니라 성소수자 커플을 초청해 여러 차례 합동결혼식을 열어줬다.

멕시코에서는 아주 간단한 요건만 갖추면 외국인이 다른 외국인과 결혼할 수 있기 때문에 특히 캐나다 사람들에게 칸쿤과 코수멜*은 해변 결혼식 장소로 인기가 높다.

멕시코에서 멕시코 사람과 결혼하고 싶은 외국인은 결혼식을 올릴 연방 주에서 일종의 결혼 허가서인 특별 허가서를 신청해야 한다. 멕시코의 전통적인 성당 결혼식은 텔레비전 연속

---

* 킨타나로오 주 북동부에 자리한 섬 또는 그 섬의 주도─옮긴이

극에 나오는 결혼식처럼 호화로운 편이다. 성당 결혼에서는 라소라고 불리는 일종의 혼인 끈이 등장한다. 결혼식 증인들이 백년해로를 상징하는 이 대형 묵주를 신랑과 신부의 어깨나 손목에 8자 모양으로 걸쳐준다. 또한 신랑이 신부에게 아라스라고 불리는 13개의 금화나 은화를 건네는 의식도 진행된다. 마야 전통 결혼식에서는 주술사가 코펄 향으로 축복을 내려주기도 한다.

피로연은 마리아치 밴드의 음악과 테킬라와 전통 음식의 향연으로 활기가 넘친다. 바일레 데 비예테(지폐 춤)라는 화려한 전통 의식도 펼쳐져 신랑신부가 춤을 추면서 피로연장을 돌아다니면 하객들이 이들에게 지폐를 꽂아준다. 또 다른 피로연 전통인 엘 무에르티토(작은 시체)에서는 신랑이 먹고 마시며 놀던 미혼 시절이 끝났음을 알리는 의미에서 악단이 장송곡을 연주하면 남자 하객들이 신랑을 높이 행가래쳐 준다. 베라크루스에서는 와스텍* 전통에 따라 하객들에게 사카우일이라는 요리를 대접하는데 이것은 거대하게 만들어 속을 채운 타말 요리다.

---

* 멕시코의 원주민 종족−옮긴이

# 06

# 여가생활

멕시코를 찾는 많은 이들이 텍사스와 멕시코의 요소가 혼합된 요리를 멕시코 음식으로 착각한다. 칠리 콘 카르네가 멕시코 요리가 아니라고 말해주면 놀라는 사람들이 많다. 대다수 멕시코 요리는 토르티야에서 출발한다. 둥글고 납작한 모양의 토르티야는 대개 옥수수 반죽으로 만들지만 멕시코 북부 지역에서는 밀로 만든 토르티야를 많이 쓴다.

멕시코 사람들은 축제나 휴일에 가족이나 친구들과 여가를 즐긴다. 그리고 그때마다 음식과 술과 음악도 빠트리지 않는다. 직장인들은 퇴근 시간이 늦고 농촌 근로자의 노동 시간은 그보다도 훨씬 더 길다. 멕시코 사람들은 열심히 일하지만 놀 때도 열과 성을 다한다. 이 나라 사람들은 연중 이어지는 민속 축제와 공휴일 덕분에 흥청대며 놀 기회가 많은 데다 주말에는 동네 공원에 모여 운동을 하고 소풍을 즐기거나 가볍게 맥주를 마시기도 한다. 모험을 즐기는 이들은 멕시코에 널린 해변이나 고풍스러운 유적지를 찾아 현지 분위기를 만끽하고 특산물을 맛보고 사랑하는 이들과 의미 있는 시간을 보낸다. 대도시에 자리한 박물관과 문화시설 또한 인기 있는 주말 행선지다.

멕시코 사람들은 어떻게 휴식을 취하든 음식이 중요한 역할을 차지한다. 멕시코에도 미국의 패스트푸드 체인점들이 진출해 있지만 이 나라 사람들은 뼛속까지 타고난 식도락가라서 외식을 해도 진짜 멕시코의 맛이 담겨 있고 먼 옛날부터 이어져 온 조리법으로 요리된 음식을 먹는다. 멕시코 사람들은 멕시코 고유의 음식 전통과 음악 전통을 굉장히 자랑스러워한다. 유네스코에서도 이 전통들을 미래 세대를 위해 반드시 보존해야 하는 독특한 문화 표현물로 지정했다.

예술 분야 또한 활기가 넘친다. 국제적으로 높이 평가받는 화가와 시인들, 굉장히 다양한 음악계, 세계적으로 인정받는 박물관과 미술관, 다채로운 민속 예술, 게다가 세계 유수의 상을 받는 영화들을 계속해서 만들어내고 배우, 감독, 촬영감독 등의 전문 인력을 배출해 내는 영화 산업까지 그 면면이 화려하다.

축구는 멕시코 관람 스포츠의 최고봉이며 야구와 권투가 그 뒤를 잇는다. 그러나 멕시코에서는 공식 국가 스포츠인 차레리아(전통 마상경기)와 전설적인 레슬링 선수들이 복면과 망토와 타이즈를 착용한 채 열렬히 응원하는 팬들을 즐겁게 해주는 루차 리브레* 같은 멕시코 고유의 스포츠 또한 인기가 높다.

* '자유로운 싸움'이라는 뜻으로 일종의 프로레슬링 경기—옮긴이

# 음식

멕시코의 진정한 맛을 경험 하려면 인파를 따라 북적거 리는 길거리 시장으로 가보 시라. 그곳에서 먹는 음식 은 멕시코의 내로라하는 요  리사들이 전통 음식을 새로운 요리법으로 재창조하는 새로 생 긴 고급 식당 못지않게 훌륭한 맛을 선사할 뿐만 아니라 새로 운 맛의 세계를 경험하게 해준다. 길거리 시장에서 파는 음식 과 식재료는 입이 떡 벌어질 정도로 다양해서 멕시코 음식을 지역별로 다 먹어보려면 몇 년이 걸릴 것이다.

멕시코를 찾는 많은 이들이 미국이나 유럽에서 흔히 먹는 텍사스와 멕시코의 요소가 혼합된 요리를 멕시코 음식으로 착각한다. 밀로 만든 토르티야에 고기와 콩 등을 얹어 돌돌 말아 구워 먹는 부리토나 잘게 자른 고기, 삶아 튀긴 콩, 과카 몰리*, 그리고 크림을 두툼하게 채워 넣은 표면이 딱딱한 타코

---

\* 아보카도 으깬 것에 토마토, 양파, 향신료 등을 넣어 만든 소스─옮긴이

같은 것들이 그렇다. 칠리 콘 카르네*가 멕시코 요리가 아니라고 말해주면 놀라는 사람들이 많다. 정말 아닌데 말이다!

대다수 멕시코 요리는 토르티야에서 출발한다. 둥글고 납작한 모양의 토르티야는 대개 옥수수 반죽으로 만들지만 멕시코 북부 지역에서는 밀로 만든 토르티야를 많이 쓴다. 번철에서 바로 부쳐낸 뜨거운 토르티야는 숟가락이나 포크를 대신해 그릇에 남아 있는 음식을 훑어내는 데 쓰인다.

## 【 최초의 퓨전 음식 】

멕시코 음식은 신세계와 구세계의 식재료가 충돌한 결과 새로운 조합으로 탄생된 최초의 퓨전 음식으로 불려왔다. 에르난 코르테스가 1519년에 베라크루스에 도착하기 약 8000년 전 스페인 정복 이전 시기에 지금의 멕시코에 살고 있던 원주민들은 옥수수, 콩, 스쿼시를 재배하여 삼시 세끼를 해결했다. 이들 세 작물은 하나같이 아주 잘 자라고 영양면에서 서로를 보충해 주기

* 소고기를 갈아 넣고 콩과 칠리가루를 넣어 매콤하게 끓여낸 스튜—옮긴이

때문에 '세 자매'로 불리기도 한다.

아스텍족과 마야족은 옥수수를 신성한 음식으로 여겼다. 그들은 생명의 양식인 옥수수를 메타테(맷돌)에 갈아서 토르티야용 반죽을 만들고 코말(진흙 판)에서 부쳐낸 토르티야를 동그랗게 오므려 다른 식재료를 꽉 채워 넣은 뒤 옥수수 껍질이나 바나나 잎으로 싸서 쪄냈다.

아스텍족은 노팔선인장과 프리클리페어*를 재배해서 용설란을 발효시켜 풀케라는 순한 술을 만들었다. 또한 테스코코호수에서 테큐틀라틀(스피룰리나)이라는 녹조류를 재배해서 이것들을 납작하게 굳혀 치즈처럼 먹었다. 육류는 과홀로테(칠면조), 파토(오리), 베나도(사슴), 그리고 코네호(토끼) 등에서 구할 수 있었지만 음식 재료로는 조금만 쓰였다. 음식에 들어가는 단백질은 대부분 콩이나 차풀린(메뚜기), 치니쿠일(용설란 벌레), 에스카몰(개미 알), 그리고 아우아틀(물가를 날아다니는 곤충의 알) 같은

---

* 선인장의 일종−옮긴이

곤충으로 충분했다. 스페인 정복 이전에 살았던 이들은 또한 위틀라코체 혹은 쿠이틀라코체라는 옥수수에서 자라는 버섯과 히카마라는 두툼하고 아삭아삭한 뿌리채소도 먹었다.

우리가 오늘날 당연하게 여기는 여러 식재료는 애초 멕시코에서 유럽으로 들어간 것들이다. 그중에서도 토마토, 아보카도, 칠리, 파인애플, 바닐라, 카카오 등이 대표적인데 특히 아스텍족은 카카오와 칠리로 거품이 나는 초콜릿 음료를 만들어 마셨다. 스페인 사람들은 동양산 향신료, 감귤류 과일, 사탕수수, 사과, 포도, 양파, 마늘, 쌀, 밀, 우유, 치즈, 닭고기, 돼지고기, 양고기, 소고기, 그리고 고수 같은 허브를 멕시코에 들여왔다.

그 결과 멕시코 요리는 독특하고 복잡하며 세련된 음식문화로 우뚝 섰다. 이에 2010년, 유네스코는 멕시코 음식을 인류 무형문화유산으로 지정했다.

【 작은 갈망 】

'작은 갈망'이라는 뜻의 안토히토는 본래 길거리 시장이나 작은 식당에서 파는 간단한 요깃거리다. 최고의 안토히토는 작은 토르티야에 육류나 야채를 채우거나 얹어서 만든 타코다. 타코는 하층 노동자부터 부유층 재벌까지 모두가 즐겨 먹는 음식이기 때문에 '가장 민주적인 멕시코 음식'으로 불려왔다.

타코 노점에서 인기 있는 속 재료는 카르니타스(양념에 재운 돼지고기), 캄페차노(소고기와 초리소 소시지), 치차론(돼지껍데기), 아라체라(뼈를 제거한 소고기 가슴살), 피카디요(간 소고기), 비리아(염소), 기사도(닭고기나 소고기 스튜), 카베사 데 레스(삶은 소머리고기), 라하스(구운 포블라나 고추를 찢어놓은 것), 노팔레스(얇게 저민 노팔선인장), 그리고 위틀라코체(멕시코 송로) 등이다.

바하칼리포르니아와 태평양 연안 지역에서는 생선과 해산물로 타코를 만들어 먹는다. 오악사카에는 개미 알로 만든 타코도 있다. 멕시코시티에서 인기 있는 타코는 레바논 출신 이민자들이 멕시코에 들여온 중동 음식 샤와르마를 변형시켜 만든 타코스 알 파스토르다. 양념에 재운 돼지고기를 팽이 모양이 되도록 쇠꼬챙이에 끼운 다음 돌려가며 익힌다. 익은 고기는 팽이의 맨 위쪽부터 얇게 깎아내서 파인애플 조각을 곁들여 내면 된다.

안토히토가 이토록 중독성이 있는 이유는 위에 뿌려먹는 신선한 드레싱과 입에 착착 감기는 살사소스 때문이다. 안토히토에 보통 라임이나 레몬을 짜서 먹거나 세보야(잘게 썬 양파), 실란트로(고수), 피코 데 가요(잘게 썬 토마토와 양파. 원뜻은 '닭 부리'), 과카몰리(으깬 아보카도), 살사 베르데(땅꽈리와 칠리로 만든 초록색 소스), 살사 로하(신선한 토마토와 칠리로 만든 붉은 소스), 살사 데 치포틀(치포틀 고추로 만든 짙은 회색 소스), 그리고 강심장을 가진 이들을 위한 아바네로스와 할라페뇨스 같은 아주 매운 칠리 등을 곁들여 먹는다.

[ 신선한 해산물 ]

멕시코의 해안선은 거의 9.6km에 달한다. 태평양과 멕시코 만 그리고 카리브해의 바다 덕분에 참치, 붉돔, 전갱이, 메로 같은 생선이 풍부하다. 해변에서는 보통 생선을 통째로 굽거나 뼈를

## · 길거리 음식 ·

- **엘로테**: 버터나 마요네즈를 듬뿍 바른 통옥수수를 석쇠에 구운 뒤 칠리가루와 치즈를 발라 꼬챙이에 꽂아서 파는 음식

- **에스키테스**: 훑어낸 옥수수 알갱이들을 솥에 붓고 순한 맛의 칠리와 소금을 뿌려 즉석에서 요리한 뒤 잘 부서지는 치즈를 넣고 라임즙을 뿌리면 완성되는 음식
- **플라우타스**: 길쭉하게 돌돌 만 토르티야를 기름에 튀겨낸 음식. 엔칠라다스도 이와 비슷하지만 살사소스를 뿌려서 먹는 게 다르다. 마찬가지로 엔프리홀란다스도 크림 같은 콩 소스를 뿌려 먹는 게 다르다.

- **우아라체스**: 우아라체(샌들) 모양의 두툼한 타원형 토르티야에 콩과 치즈와 고기를 올리거나 버섯 토핑을 얹어 요리한 음식

- **케사디야**: 토르티야를 접어서 그 사이에 스트링 치즈, 버섯, 돼지소시지, 감자 등을 가득 넣어서 구운 요리. 속 재료로 메뚜기를 넣기도 한다.

- **소페**: 작고 동그란 모양의 두툼한 옥수수 반죽 사이에 삶아 튀긴 콩과 치즈와 고기를 가득 채워 넣거나 채소로 만든 소를 넣어 구운 뒤 잘게 썬 싱싱한 토마토나 상추를 얹어 먹는 요리

- **타말**: 옥수수 반죽 안에 돼지고기와 닭고기 그리고 초록색 소스나 붉은색 소스로 만든 속 재료를 가득 넣은 뒤 옥수수껍질로 싸서 찌거나 삶아낸 요리. 오악사카, 치아파스, 그리고 유카탄 지역에서는 타말을 바나나 잎사귀에 싼다.

- **틀라카요**: 대개 푸른 옥수수로 만든 타원형 토르티야에 콩을 가득 넣은 뒤 치즈, 양파, 노팔선인장, 또는 레케손(리코타) 등을 얹어서 먹는 요리

- **틀라유다**: 삶아서 튀긴 콩, 잘게 찢은 소고기, 오악사카 치즈 등 여러 식재료를 토르티야에 올려서 구운 요리. 멕시코 피자라고도 불린다.

- **토스타**: 반으로 자른 빵 사이에 고기나 다른 재료들을 터질 정도로 가득 넣어 만든 요리. 할리스코에서는 토스타 아오가도라고 부르며 매콤한 붉은 살

사소스를 흠뻑 부어서 조리한다.

• **토스타다**: 삶아서 튀긴 콩 등 보통 타코에 들어가는 여러 토핑 재료들을 기름에 튀긴 토르티야에 올려서 먹는 음식

발라내 구워서 소금과 레몬과 마늘로 간을 한 뒤 밥과 저민 아보카도 그리고 양배추 샐러드와 함께 먹는다. 갑각류로는 새우, 낙지, 오징어, 바닷가재, 게, 가리비, 굴 등이 있다.

가장 신선한 해산물은 해변에 자리한 리조트에서 먹을 수 있지만 내륙의 대다수 대도시에도 마리스케리아(해산물 전문 식당)나 세비체 같은 해산물 무침 안주를 파는 콕텔레리아(칵테일 바)가 있을 것이다.

해산물은 특히 가톨릭 신자가 고기 섭취를 삼가는 사순절과 부활절 때 많이들 찾는다. 크리스마스이브에는 전통에 따라 소금에 절인 대구(바칼라오)에 토마토, 올리브, 칠리, 그리고 케이퍼*로 만든 소스를 뿌려서 먹는다.

베라크루스를 대표하는 음식은 붉돔에 올리브와 할라페뇨가 들어간 토마토소스를 부어 조리한 와치낭고 알 라 베라크루스산이다. 베라크루스 지방의 또 다른 특선요리는 확실한 숙취해소 음식이자 강력한 보양식으로 알려진 부엘베 알 라 비다('소생'이라는 뜻)다. 이 음식은 오징어, 낙지, 게 등 온갖 제철해산물을 넣어 뭉근히 끓인 수프다. 일부 지역에서는 이 요리

* 지중해 연안에 서식하는 케이퍼의 꽃봉오리를 식초에 절여 양념으로 쓰는데 이 또한 케이퍼라고 부른다—옮긴이

- **칠레스 엔 노가다**: 1821년에 푸에
블라의 수녀들이 독립 영웅 아우
구스틴 데 이트루비데를 기리기
위해 만들어 먹던 데서 유래한 이
맛있는 독립기념일 요리에는 애
국심이 엿보이게도 멕시코 국기 색깔이 모두 들어가 있다. 피카디요(간 소고
기)를 채워 넣은 초록색 포블라노 칠리에 누에세스 데 노갈(호두)로 만든 하
얀색 소스를 부은 뒤 빨간색 석류 씨를 뿌려 조리하기 때문이다.

- **몰레**: '몰레'로 발음되는 이 소스
는 칠리와 땅콩과 다크초콜릿을
곱게 갈아서 섞은 뒤 걸쭉하게 만
들어 닭고기나 칠면조 위에 뿌려
먹는다. 푸에블라 지역의 몰레 포
블라노는 멕시코의 국민요리로 꼽힌다. 하지만 오악사카에는 이 지역 고유
의 몰레 요리법이 일곱 가지나 있다. 각각 오하 산타 같은 오악사카산 허브
에다 아몬드, 말린 과일, 땅콩, 그리고 아르볼, 안초, 파시요, 과히요 같은 각

종 칠리를 섞어 완성된다. 만차만텔('식탁보 착색제'라는 뜻)이라 불리는 몰레 는 파인애플과 매콤한 초리소로 만든 소스다.

- **코치니타 피빌**: 안나토* 페이스트를 바른 돼지고기를 오렌지주스에 재운 뒤 바나나 잎으로 싸서 피브(흙으로 만든 마야식 화덕)에 넣어 조리한 음식. 코치 니타 피빌은 달콤하고 시큼한 맛을 내기 위해 광귤을 써서 소스를 만드는 유카탄 지역의 대표요리다.

- **포솔레**: 시날로아, 미초아칸, 베레 로, 사카테카스, 할리스코, 모렐로 스 같은 주들과 멕시코시티에서 즐 겨먹는 음식으로 껍질을 벗긴 옥수 수 알갱이에 돼지고기를 넣고 푹 끓

여 잘게 썬 양배추나 무 또는 아보카도 조각을 고명으로 얹어서 먹는다. 하 얀색 포솔레는 칠리를 넣지 않고 끓인 것이고, 초록색 포솔레는 토마티요** 로 맛을 낸 것이며, 붉은색 포솔레는 홍고추를 넣어 자극적인 맛이 난다.

---

\* 잇꽃나무의 씨로 만든 향신료로서 천연색소로도 쓰인다-옮긴이

\** 꽈리속의 초록색 과실이지만 채소처럼 쓰이는 재료-옮긴이

를 시키면 세비체처럼 라임, 양파, 칠리를 넣어 만든 해산물 샐러드가 나온다.

멕시코식 세비체는 페루식 세비체와 약간 달라서 보통 튀긴 토르티야 위에 생선이나 해산물을 깍둑썰기해서 올린 뒤 그 위에 얇게 저민 아보카도를 얹어 먹는다.

【 베지테리언과 비건 】

멕시코에는 싱싱한 과일과 채소들이 많다. 시장에 즐비한 음식점에 가면 옥수수 토르티야에 치즈와 콩 또는 노팔선인장만 얹어서 먹는 전통 타코 외에도 고르디타와 케사디야를 주문할 수 있다. 이와 같이 고기를 뺀 토르티야 음식에 생선 고명을 추가하면 조촐한 한 끼 식사가 된다. 또한 대도시나 외국인이 많이 찾는 고급 리조트 또는 배낭여행객에게 인기 있는 해변

에 자리한 몇몇 호스텔 구역에는 채식 및 완전채식 식당들도 있다. 그러나 멕시코에는 채식주의가 정확히 어떤 뜻인지 모

르는 이들도 많기 때문에 음식을 주문할 때는 항상 신경을 써야 한다. 고기가 안 들어갔다는 말은 '육류가 안 들어간' 게 아니라 단지 '붉은색 고기가 안 들어갔다'는 뜻일 뿐임을 유의하시라. 또한 종종 육수로 야채수프를 끓인다는 점과 콩 요리에 돼지고기가 들어가고 돼지기름에 튀겨내는 요리가 많다는 것도 명심하시라. 어떤 친구가 과달라하라의 식당에서 "나는 완전채식주의자입니다"라고 말했더니 종업원이 얼떨떨해하며 "그건 화성인 같은 건가요?"라고 되물었다고 한다.

【 디저트 】

멕시코의 전통 디저트에는 플란(크림 캐러멜), 파스텔, 데 트레스 레체스(세 가지 우유 케이크)가 있다. 시리코테(가이거나무의 열매)로 만든 시럽에 절인 과일을 디저트로 낼 때는 단맛을 줄여주기 위해 치즈를 곁들이기도 한다. 망고와 파파야 그리고 구아바로 이루어진 열대 과일 콤보 또한 인기 있는 디저트다.

니에베스('눈'이라는 뜻)라 불리는 맛있는 아이스크림은 초콜릿, 코코넛, 연유를 혼합해 크림이 풍성한 아이스크림부터 과일 소르베까지 다양하다. 라스파도스는 거리에서 얼음을 갈아서 여러 가지 맛의 시럽을 넣어 만드는 소르베의 일종이다. 팔레타스는 수제 얼음과자다.

## 음료

물에다 설탕과 얼음을 넣어 만든 주스는 아과스 프레스카스(신선한 물)로 불린다. 여기에 첨가하는 맛 또한 타마린도(타마린드), 피냐(파인애플), 하마이카(히비스커스 꽃), 베타벨(비트) 그리고 오르차타(쌀과 시나몬) 등 다양하다. 만약 길거리에서 파는 아과스 프레스카스에 정수되지 않은 물을 사용할까 봐 걱정된다면

갓 짜낸 휴고스(주스)를 선택하시라. 리콰도스는 우유, 얼음, 설탕으로 만든 셰이크다. 청량음료는 구아

바 맛과 사과 맛처럼 여러 가지 맛이 나는 하리스토스와 문데트 같은 현지 제품뿐만 아니라 온갖 미국산 탄산음료까지 다양하게 있다.

멕시코에서는 누구나 커피 애호가로 만들 정도로 어디서나 양질의 커피를 맛볼 수 있다. 그래도 카페 데 오야(항아리 커피)만큼은 꼭 맛보라고 권하고 싶다. 전통적으로 토기 항아리에 커피와 계피와 설탕을 넣어 끓여서 만든다. 만사니야(카밀레) 같은 허브차도 쉽게 맛볼 수 있지만 영국산 차는 찾아보기 어렵다. 스페인 정복 이전 시대의 음료를 맛보고 싶은 이들은 원당으로 단맛을 낸 아톨레라고 불리는 뜨겁고 거품이 풍성한 옥수수 음료를 선택하시라. 참푸라도는 아톨레에 초콜릿을 넣은 음료다.

【술】

테킬라와 메스칼은 멕시코에서 가장 유명한 술이다. 또한 멕시코에서는 다양한 양질의 맥주도 생산된다. 맥주를 가리키는 스페인어는 세르베사지만 멕시코 사람들은 맥주를 시킬 때 우나 첼라나 우나 프리아라는 말을 더 많이 쓴다.

멕시코에서는 2개의 거대 맥주업체가 시장을 장악하고 있다. 벨기에의 거대 맥주회사 안호이저부시인베브 소유의 그루

포 모델로에서 코로나, 네그라 모델로, 모델로 에스페시알, 레온, 빅토리아, 파시피코를 생산한다. 경쟁업체인 세르베세리아 콰우테목 목테수마는 네덜란드 맥주회사 하이네켄의 자회사로서 솔, 도스 에키스, 테카테, 인디오, 보헤미아, 카르타 블랑카, 그리고 수페리오르를 생산한다. 판매되는 병맥주에는 고유의 이름이 있다. 카과마(거북이)나 바예나(고래)는 900ml에서 1L까지 들어 있는 맥주를 통칭한다. 더 큰 병인 카과몬이나 바예논에는 1.2L가 들어 있다.

첼라다와 미첼라다는 맥주에 라임즙을 넣고 우스터소스나 토마토주스 또는 클라마토(조개수프와 토마토주스를 섞어 만든 주스) 등을 첨가해 풍미를 돋운 일종의 맥주 칵테일이다. 이 칵테일은 대개 얼음처럼 차가운 유리잔에 담아서

멕시코에는 풍성한 음식문화, 부러울 만큼 다양한 이국의 과일로 만든 주스, 신선한 식재료로 넘쳐나는 시장이 있음에도 불구하고 멕시코 사람들의 1인당 청량음료 소비율, 특히 코카콜라 같은 미국산 탄산음료 소비율은 세계 최고 수준에 달한다. 코미다 차타라(정크푸드)처럼 건강에 좋지 않은 음식과 함께 이런 음료를 많이 마시다 보니 비만이 확산되고 당뇨병 같은 관련 질병이 급증했다.

2014년에 멕시코 정부는 비만 문제에 맞서기 위해 설탕으로 단맛을 낸 음료수에 10% 세금을 부과하는 조치에 나섰다. 초기 연구 결과에 따르면 세금을 부과한 첫해에 탄산음료 판매량이 12% 떨어졌다. 하지만 이러한 조치가 서서히 비만국으로 변해가는 멕시코를 돌려놓는 데 힘이 될지는 시간을 두고 지켜볼 일이다.

주는데, 유리잔의 테두리에는 소금과 칠리, 또는 차모이소스처럼 점성이 강한 달콤하고 시큼한 소스가 발라져 있다. 풀케는 발효시킨 아가베(또는 용설란) 즙으로 만든 거품이 풍성하고 독한 발효주로 과거 아스텍족이 신성하게 여겼던 술이다. 1950년대까지 빈곤층과 노동자계층 그리고 보헤미안들은 풀케를 즐겨

마셨다. 요즘에는 맥주가 대세라서 풀케를 파는 술집을 찾기 힘들다. 풀케리아에서는 블랑코(풀케에 아무것도 타지 않은 것)와 색색의 쿠라도(풀케에 과일즙이나 코코넛 또는 밀을 넣은 것)를 판다. 멕시코시티에 있는 유서 깊은 풀케 술집들은 학생들과 힙스터들의 단골집이 되었다. 틀락스칼라 주에는 역사적 의미가 있는 농장들을 방문해서 용설란 즙을 어떻게 추출하는지 직접 보고 완성된 풀케를 시음해 보는 루타 델 풀케 투어가 있다.

멕시코는 와인으로 유명한 나라는 아니지만 바하칼리포르니아 북부에서 재배되는 레드와인과 화이트와인용 포도는 상을 받을 만큼 품질이 뛰어나다. 1700년대에 예수회와 프란시스코회 선교사들이 이곳에 맨 처음 포도를 심었는데 지중해

## • 테킬라냐 아니면 메스칼이냐 •

멕시코의 가장 유명한 수출품은 테킬라임에 틀림없다. 테킬라는 파티의 시작을 여는 술로서 소금과 레몬 그리고 작은 유리잔으로 펼치는 '테킬라 슬래머'라는 특유의 주법 때문에 세계적으로 유명하다. 멕시코의 다른 유명한 술은 메스칼이다.

원칙적으로 테킬라는 메스칼이다. 테킬라로 불리려면 오직 파란색 아가베 수액으로만 제조돼야 한다. 그래서 테킬라는 할리스코, 타마울리파스, 미초아칸, 과나후아토, 나야리트 주에서만 생산될 수 있다. 반면에 메스칼은 오악사카, 두랑고, 과나후아토, 게레로, 산루이스 포토시, 타마울리파스, 사카테카스, 그리고 미초아칸 등지에서 30여 종의 다양한 용설란 수액으로 만들어진다. 에스파딘은 오악사카에 널리 퍼져 있는 용설란 종인데, 오악사카에서는 아직도 전통 방식으로 술을 빚는 팔렝케(작은 농장)에서 대부분의 메스칼이 생산된다.

최고의 테킬라와 메스칼은 '100% 용설란'으로 만든 것들이다. 다시 말해 증류 과정에서 그 어떤 당도 첨가하지 않는다는 뜻이다. 플라타(은)는 갓 증류된 테킬라로 마르가리타 같은 칵테일에 최고의 베이스가 돼준다. 오로(금)는 색소 때문에 금색을 띠는데 고품질의 레포사도('원기를 회복한'이라는 뜻)와 혼동해서는 안 된다. 레포사도는 2개월에서 1년까지 참나무통에서 숙성돼 완성된다. 아녜호('숙성된'이라는 뜻)는 대개 은은한 향이 더해져 레포사도보다 부드러운 맛이 난다. 아녜호는 참나무통에서 최소 1년 동안 숙성된다. 엑스트라 아녜호는 참나무통에서 최소 3년 이상 숙성 과정을 거친다.

진짜 와인 전문가들은 가족이 운영하는 소규모 농장에서 생산된 단일산지 메스칼을 점점 더 많이 찾는다. 이들 소규모 농장은 다양한 아가베 종 배합 기술과 장인의 솜씨가 깃든 생산방식으로 600년 된 이 술의 흙물 같은 흐릿한 색조를 굉장히 고급스럽게 바꿔놓았다. 참고로 테킬라와 메스칼 애호가들은 꿀꺽꿀꺽 마시지 않고 조금씩 음미하며 마신다는 것을 유념하시라.

와 비슷한 기후 덕분에 아주 잘 자랐다. 현재 바예 데 과달루페와 바예 데 산토 토마스 같은 곳에는 와인 애호가들이 즐겨 찾아와서 현지에서 생산되는 샤르도네, 네비올로, 소비뇽을 시음하고 몬테 사닉 같은 유명한 와인생산회사의 포도밭을 탐방한다. 8월에는 포도 수확기에 맞춰 큰 와인 축제가 열린다. 아과스칼리엔테스, 코아우일라, 두랑고, 케레타로, 소노라, 사카테카스 또한 와인을 생산하지만 멕시코산 와인의 90%는 바하 칼리포르니아에서 생산된다.

# 외식

멕시코 사람들은 부자나 가난한 이들이나 모두 외식을 좋아한
다. 직장에서 일을 하는 사람들은 타코 노점이나 주스 가판대
에서 서둘러 아침을 때우고 점심시간이 되면 세트 메뉴를 파
는 폰다(조그만 식당)에서 끼니를 해결한다. 퇴근 후에도 거리에
는 아주 다양한 먹거리들이 넘쳐나고 가지각색의 식당들이 새
벽까지 음식과 술을 판다.

양질의 멕시코 음식을 생각하면 일부 관광객은 멕시코의
크고 작은 도시마다 북아메리카의 패스트푸드 체인점이 굉장
히 많이 들어서 있는 것을 보고 놀랄지도 모른다. 휘황찬란한
쇼핑몰에 들어가면 식당가는 온통 미국식 식당과 멕시코 음
식을 흉내만 내는 음식점들로 넘쳐난다.

그러나 유명한 먹자골목으로 가보면 이탈리아 피자와 파스
타부터 세련된 환경에서 대접받는 고급요리까지 각양각색의
음식을 맛볼 수 있다.

주말이 오면 현지인들의 음식 사랑은 동네 광장으로 이어
져 가족과 친구들이 삼삼오오 모여 소풍과 바비큐 파티를 즐
긴다.

## • 팁 •

멕시코에는 팁을 주는 문화가 있으며 많은 이들이 빈약한 수입을 보충하기 위해 프로피나(팁)를 필요로 한다. 일부이긴 하지만 팁에 생계가 달린 이들도 있다. 어떤 식으로든 도움을 준 이들에게 몇 페소만 주어도 감사하게 여길 것이다. 호텔 벨보이와 객실 청소부부터 식당 종업원과 화장실 지킴이 그리고 슈퍼마켓에서 장 본 것들을 담아주는 아르바이트까지 누구든 마찬가지다.

몇몇 카페와 식당에서는 계산서에 팁을 추가해 주기도 하지만 종업원에게 별도로 10~15%나 그 이상의 팁을 줄지 말지는 전적으로 손님에게 달려 있다. 길거리나 시장에 자리한 음식 가판대에서는 팁을 줄 의무가 없다.

호텔 직원에게는 미화로 계산했을 때 1달러 남짓을 주면 된다. 관광가이드, 그중에서도 특히 오지의 원주민 가이드는 박봉에 시달릴 가능성이 크므로 미화로 몇 달러에 해당하는 팁을 주면 크게 만족할 것이다. 택시 기사에게는 팁을 줄 필요가 없다.

술집에서 마리아치 밴드가 다가와 세레나데를 연주하기 시작해서 노래를 감상했다면 몇 달러에 상응하는 팁을 줘도 된다. 하지만 연주 요청을 하지 않았다면 반드시 노래 감상비를 내야 할 필요는 없다. 그들은 곧바로 옆 테이블로 갈 테니까 말이다.

# **밤** 문화

멕시코 술집에서는 낮이든 밤이든 거의 어느 때나 술을 마실 수 있다. 심지어 일정량의 술을 마신 손님에게 보타나(안주)를 무료로 제공해 주는 데도 있다. 여자가 카우보이스타일 문*을 밀치고 술집 안으로 들어오면 눈살을 찌푸리던 시절이 있었다. 그래서 일부 전통 업소에는 아직도 여성과 소수민족과 제복을 입은 군인의 출입을 금하는 오래된 표지판이 붙어 있는 것을 볼 수 있다.

대다수 도시마다 길거리에 늘어서 있는 수많은 술집들은 앉아서 세상 돌아가는 것을 볼 수 있기 때문에 더욱 재밌다. 과거 프리다 칼로와 자유분방한 그녀의 친구들이 (풀케를 파는) 풀케리아를 즐겨 찾던 시절에는 이런 술집이 많았다. 지금도 스페인 정복 이전의 진정한 멕시코 음료를 직접 체험해 보고 싶다면 풀케리아를 찾아가볼 만하다. 아스텍풍 벽화 장식이 인상적인 멕시코시티의 라스 두엘리스타스는 진정한 풀케의 성지로, 풀케리아가 다시 유행하는 데 도움을 준 젊은 힙스터**들

---

\* 밀면 열렸다가 놓으면 저절로 닫히는 반회전문으로 서부영화에서 흔히 볼 수 있다−옮긴이

\*\* 최신 유행에 민감하고 자기만의 문화 취향을 고수하며 진보적인 이들을 일컫는 말−옮긴이

을 끌어들이고 있다.

멕시코 사람들은 춤추는 것을 좋아해서 크고 작은 도시마다 멕시코 전통음악은 물론 쿰비아*, 살사, 록, 팝, 또는 최신 인기가요 등을 틀어주는 술집들이 굉장히 많다. 이런 술집들에서는 연주자들이 직접 연주하거나 디제이가 음악을 틀어준다. 바하칼리포르니아, 아카풀코, 칸쿤의 관광 리조트에서는 1년 내내 파티가 펼쳐지는데 특히 봄방학 때면 광란의 도가니가 따로 없다.

멕시코 어디에 가든 후미진 곳에 자리한 네온 불빛이 번쩍이는 술집은 카사 데 시타스(윤락업소)일지 모르니 유의하시라.


## 음악

마리아치 음악은 멕시코 사람들의 삶에 늘 함께한다. 마리아치 음악은 세레나데이자 투우와 로데오의 음악이며 생일축하 노래 〈라스 마냐니타스〉의 반주 음악이자 킨세아녜라 파티(15세 생일 파티)나 결혼식의 볼거리, 연인에게 버림받고 홀로 술

---

* 스페인 식민지 이전 시대에 콜롬비아의 카리브 연안 지역에서 탄생한 민속음악–옮긴이

을 마시는 이들을 위한 슬픈 위로곡이다. 할리스코 주에서 유래된 마리아치에는 멕시코 중부 고원지대와 북부 국경 주들의 카우보이 전통이 깊게 배어 있다. 하지만 마리아치는 멕시코 전체의 정서를 표현해 내면서 전 국민의 음악이 되었다.

사실 마리아치보다 멕시코 정서에 더 가까운 음악들이 많다. 널리 알려진 노래 〈라 쿠카라차〉는 코리도*고, 리치 발렌스의 로큰롤 히트곡 〈라 밤바〉는 베라크루스 지방의 민속 음악을 번안한 곡이다. 우아스테카 지역의 손 우아스테코는 3중주단이 바이올린과 우아팡에라 기타 그리고 다섯 줄짜리 작은 하라나 기타를 연주하는 게 특징이다.

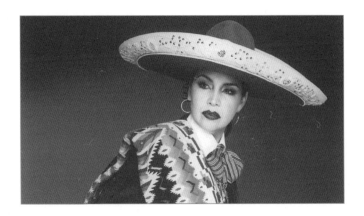

---

* 이야기 형식으로 전쟁이나 영웅담을 노래한 멕시코의 민요-옮긴이

베라크루스와 유카탄 지역은 역사적으로 쿠바와 관련이 깊다. 그래서 아프리카계 멕시코인 가수 토냐 라 네그라, 로스 판초스, 아르만도 만사네로 같은 가수들이 노래한 볼레로*와 트로바**의 음악적 전통이 강하게 남아 있다. 북쪽 끝 지역에는 코리도, 독일 폴카, 그리고 아코디언 음악으로 이루어진 음악 전통에서 여러 장르가 생겨났다. 로스 티그레스 델 노르테 같은 노르테뇨 밴드들의 반복적인 리듬의 음악부터 금관악기와 잘 어울리는 쿰비아, 낭만적인 볼레로, 그리고 호아킨 '차포' 구스만을 찬양하는 노랫말을 써서 마약 밀매자들의 폭력적인 삶의 방식을 미화한 로스 투카네스 데 티후아나나 엘 코만데르 같은 가수들의 마약 코리도까지 그 면면도 다양하다. 전자 음악 밴드 노르텍이 노르테뇨를 변형해 선보인 음악은 라틴아메리카와 미국에서 큰 성공을 거뒀다.

멕시코 정부는 1960년대부터 1970년대 초반까지 학생 시위와 연관돼 있다는 이유로 록 음악을 탄압했다. 영향력 있는 록 밴드로는 엘 트리와 카이파네스, 그리고 멕시코 팝록***의 유투

---

* 쿠바에서 유래된 4분의 2박자의 노래로 카리브해 지역에서 유행하였다−옮긴이

** 쿠바의 민요−옮긴이

*** 록풍의 팝 음악−옮긴이

로 알려진 마나를 꼽을 수 있다. 1990년대 말에 활동한 대형 밴드로는 인디밴드 카페 타쿠바와 정치적인 내용의 가사에 펑크와 랩과 메탈을 결합해 지금까지도 널리 영향을 끼치는 사운드를 만들어냈던 몰로토베가 대표적이다.

현대 음악인에는 줄리에타 베네가스, 멕시칸 인스티튜트 오브 사운드라는 전자음악 프로젝트 그룹을 만들어 전자음악을 개척한 카밀로 라라, 그리고 모리시*의 노래들을 스페인어로 리메이크하는 밴드 멕스리세이 등이 있다. 릴라 돈스는 신세대를 위해 전통 민요와 마리아치 고전 음악을 재창조했다.

---

* 영국의 싱어송라이터 스티븐 패트릭 모리시—옮긴이

## • 멕시코시티의 마리아치 성지 •

멕시코시티 가리발디 광장에 자리한 살론 테남파는 마리아치 음악인 란체라 명사들의 성지다. 1925년에 이 술집을 연 사람은 후안 에르난데스. 그는 1940년대 영화에서 마리아치 음악이 갑작스럽게 인기를 끌기 전부터 이미 고향 과달라하라 지역에서 연주자들을 데려와 멕시코시티 무대에 세웠다. 테남파에 들어가면 벽마다 페드로 인판테, 호르헤 네그레테, 호세 알프레도 히메네스, 비센테 페르난데스 같은 마리아치 명사들과 알레한드로 페르난데스와 멕시코 음악의 리버라체로 불렸던 대담한 후안 가브리엘처럼 마리아치를 더욱 현대적으로 해석한 음악가들을 담은 거대한 그림들이 걸려 있다. 그 가운데 아말리아 멘도사, 롤라 벨트란, 걸걸한 목소리의 차벨라 바르가스 같은 유명한 여성 연주자들도 한 자리를 차지하고 있다.

　손님들은 이 술집을 찾아 미화로 10달러가량을 지불하고 마리아치 밴드의 노래를 청한다. 테킬라가 넘치도록 나오고 열정적인 노래에 실려 밤이 깊어갈수록 카우보이의 날카로운 외침소리는 점점 커진다. 전통적인 마리아치 밴드는 가수, 바이올린, 트럼펫, 클래식 기타, 비우엘라, 기타론(큰 베이스 기타)으로 구성된다. 술집 밖 광장에서는 솜브레로(챙이 넓은 멕시코 모자)를 쓰고 은색 단추로 장식된 차로(멕시코 카우보이) 복장을 한 악단이 행인들에게 세레나데를 들려주거나 결혼식이나 파티에 불러주기를 기다리고 있다.

재미있어 외우기 쉬운 '아이, 아이, 아이' 후렴구가 인상적인 마리아치 인기곡 <시엘리토 린도(아름다운 하늘)>는 전 세계에서 멕시코의 비공식 국가가 되었다. 2011년 유네스코는 마리아치 음악에 깃든 멕시코 문화와 정체성을 높이 사 마리아치를 세계무형문화유산으로 지정했다.

## 문화생활

멕시코는 전통과 현대가 한데 어우러진 문화 용광로다. 같은 날 아스텍 춤과 자유로운 민속 축제뿐만 아니라 정확하고 절도 있는 발레나 현대 무용까지 즐길 수 있는 곳이 멕시코다. 공예품 또한 고대 문명의 산물인 콜럼버스 이전 시대의 도자기부터 식민지 때 건설된 성당의 금박을 입힌 성상과 1930년대의 혁명을 담은 벽화 그리고 현대 미술관에 전시된 개념 미술품들에 이르기까지 아주 다양하다.

멕시코시티에는 세계에서 손꼽힐 정도로 많은 박물관과 문화시설이 있으며 거리마다 도심의 여러 문화 공연장에서 공연

된 콘서트와 연극을 보완해 주는 길거리 가수들과 극단이 넘쳐난다.

멕시코시티에서는 멕시코 화가 디에고 리베라의 작품이 많이 눈에 띈다. 멕시코시티 국립궁전 벽에도 멕시코의 풍요로운 역사를 담아낸 그의 가장 중요한 벽화 작품이 들어가 있다. 리베라와 멕시코에서 가장 유명한 화가 프리다 칼로의 파란만장한 애정사 또한 모르는 사람이 없을 정도다. 대중에게 공개된, 두 사람이 함께 살았던 집들을 방문하면 이들의 삶과 작품을 감상할 수 있다. 프리다 칼로의 카사 아술(푸른 집)은 그녀의 지극히 개인적인 예술세계를 알고자 하는 방문객들로 언제나 북적거린다. 그러나 거기서 밑으로 내려가 디에고 리베라가 개인적으로 소장했던 콜럼버스 이전 시기의 예술품들을 모아놓은 아나우아카이 박물관으로 가면 혼자만의 시간을 누릴 수 있다.

멕시코 벽화가 다비드 시케이로스와 호세 클레멘테 오로스

코 또한 주목할 만한 예술가다. 아울러 멕시코시티에 그의 작품을 전시하는 전용 박물관이 있는 추상화가 루피노 타마요도 멕시코를 대표하는 예술가다.


## 영화

멕시코 영화가 황금기를 누리던 1940년대와 1950년대에 수백 편의 영화가 멕시코에서 제작되면서 칸틴플라스와 틴탄 같은 코미디언과 페드로 인판테 같은 가수들 그리고 돌로레스 델

리오 같은 유명 여가수들이 탄생했다. 이 시절, 스페인 감독 루이스 부뉴엘이 멕시코로 이주해서 영화 작업에 전념한 끝에 〈비리디아나〉와 〈절멸의 천사〉 같은 예술영화 수상작들을 내놓으면서 멕시코시티는 남미의 영화 수도가 되었다. 1970년대와 1980년대에 텔레비전이 영화를 대신하고 할리우드 영화가 시장을 지배하면서 쇠락의 길로 접어든 멕시코 영화는 살아남기 위해 '섹스코미디' 영화와 저예산 독립영화에 매달렸다.

1990년대에는 엘 누에보 시네 멕시카노(새로운 멕시코 영화)로 알려진 르네상스 시대가 시작되면서 알폰소 아라우 감독의 〈달콤 쌉싸름한 초콜릿〉 같은 평단의 극찬을 받는 영화들이 탄생했다. 21세기에 와서는 알레한드로 곤살레스 이냐리투 감독의 폭력적이지만 시적인 〈아모레스 페로스〉, 그리고 알폰소 쿠아론 감독의 〈이 투 마마〉 등이 전 세계에서 엄청난 인기를 끌었다. 2014년에 알폰소 쿠아론 감독이 아카데미 감독상을 수상하고 곤살레스 이냐리투 감독이 2014년과 2015년에 〈버드맨〉과 〈더 레버넌트:죽음에서 돌아온 자〉로 연이어 감독상을 수상하면서 할리우드에서도 대대적인 성공을 이뤘다. 그 사이 기예르모 델 토로 감독은 스페인어 판타지 영화 〈판의 미로〉부터 〈헬 보이〉 같은 할리우드 주류 영화까지 다양한 영

## • 영화 속 멕시코 •

멕시코 사회를 단시간에 파악하고 싶다면 최근에 멕시코에서 전 국민의 상상력을 사로잡았던 영화를 보시라. 가스 알라스라키 감독은 <노소트로스 로스 노블레스(우리는 귀족이다)>에서 응석받이로 자란 멕시코의 부잣집 아이들, 즉 미레예스*를 경멸의 시선으로 조명한다. 이 영화에서 억만장자 사업가인 아버지는 세 자녀에게 힘든 노동의 가치를 깨우쳐주기 위해 자신이 알거지가 된 것처럼 속인다. 2013년에 개봉된 이 영화는 멕시코에서 역대 최고 수익을 올렸다.

또 다른 코미디 영화 <레이 데 에로데스(헤로드의 법)>는 70년 동안이나 제도혁명당에게 정권을 쥐어준 부패를 통렬하게 폭로한다. 루이스 에스트라다의 1999년 작품은 권력의 정치에 관심이 있는 이들은 누구나 꼭 봐야 하는 영화다.

<카르민 트로피칼>은 오악사카에 위치한 후치탄이라는 어촌 마을 배경으로 펼쳐지는 느와르 영화다. 리고베르토 페레스카노의 영화는 거의 알려지지 않은 묵세(muxe)들의 세계를 깊이 파고든다. 이들은 사포텍 공동체 출신 남자

---

* '나의 왕들'이라는 뜻-옮긴이

들로 여자처럼 옷을 입는데 스페인 정복 이전 시대부터 제3의 성으로 간주돼
왔다.

　전미비평가협회 최우수 외국어 영화상을 수상한 알폰소 아라우 감독의
1992년작 <달콤 쌉싸름한 초콜릿>은 멕시코 혁명을 배경으로 가족의 요리 비
법과 억눌린 열정을 담아낸 라우라 에스키벨의 동명의 마술적 사실주의 소설
을 영화로 만든 것이다.

　루이스 에스트라다 감독이 2010년에 만든 <엘 인피에르노(지옥)>는 블랙코
미디 영화다. 그 내용은 미국에서 추방된 어느 이민자가 고향으로 돌아와서 결
국 마약 밀매자 '엘 코칠로코(미친 돼지)'의 더럽고 폭력적인 세계에 빠져들고 마
는 이야기다. 이 영화는 헛수고로 끝나가는 마약소탕전과 마약 밀매에 따른 혼
란과 부패를 파헤친다.


화를 연출했다.

　멕시코 영화는 인디 영화계뿐만 아니라 대부분 (자막을 넣은)
미국 영화를 상영하는 대도시 멀티플렉스를 중심으로 꾸준히
발전해 가고 있다.

## 스포츠

콜럼버스 이전 시대에 존재했던 멕시코 문명국들은 마야의 창조신화 포폴 부에 묘사됐듯 인간 제물과 관련된 의식으로 공경기를 펼쳤다. 오늘날 열정과 자부심과 개인의 희생을 놓고 볼 때 스포츠의 왕은 풋볼(축구)이다.

다른 인기 있는 스포츠로는 야구와 권투를 꼽을 수 있다. 역대 가장 위대한 멕시코 권투선수 중 한 명은 훌리오 세사르 차베스다. 그는 25년에 걸쳐 링에 올라 페더급과 라이트급 그리고 라이트웰터급에서 6개의 세계 타이틀을 땄으며, 25년 가운데 13년 동안 87연승을 기록했다.

【 축구 】

19세기 중엽에 이달고 주에 위치한 레알 델 몬테에 맛있는 패스티*를 즐겨먹는 풍습과 축구 중독을 들여온 이들은 다름 아닌 콘월 출신의 은 광산 광부들이었다. 1900년대에 영국의 광부들이 가까운 파추아에 최초의 축구 클럽을 세우면서 파스테스(칠리의 톡 쏘는 맛이 가미된 콘월 패스티)는 인기 있는 현지 음식

---

* 반달 모양의 반죽에 고기와 야채를 넣어 구운 파이—옮긴이

으로 굳어졌다. 파추아는 지금도 멕시코에서 선두권을 다투는 축구팀으로 과달라하라, 톨루카, 그리고 멕시코시티의 거대한 아스테카 경기장을 홈구장으로 쓰는 클럽 아메리카 팀들과 멕시코 리그에서 경쟁하고 있다.

주말이 되면 멕시코 전역에 자리한 축구장마다 수천 명의 사람들이 지역 연고 팀을 응원한다. 또한 수백만 명이 가정에서 국내 및 국제 축구경기를 시청하는가 하면 많은 이들이 친구들과 경기를 시청하기 위해 술집으로 향한다. 멕시코 사람들이 축구경기를 보지 않을 때는 직접 축구를 하고 있을 때다. 국가대표 경기가 열리는 날에는 모든 것이 멈춘다. 멕시코 국가대표팀은 1991년부터 7번이나 북중미 골드컵을 차지했고 15번이나 월드컵 본선에 올라 1970년과 (멕시코에서 월드컵이 개최된) 1986년에 준준결승까지 올라갔다. 축구팬들은 이 아름다운 경기의 승패에 익숙하지만 2016년 코파아메리카에서 멕시코가 칠레에게 7 대 0으로 대패한 사건은 두고두고 국가적 수치로 회자되고 있다.

전 세계에 파도타기 응원을 전파한 나라답게 멕시코 축구장의 분위기는 축제와 같고 가족 친화적이다. 그러나 상대팀 골키퍼가 골킥을 할 때마다 질러대는 "에에에에에에! 푸토"는 해외에서 환대를 받지 못했고 오히려 국제축구연맹은 멕시코 국가대표팀에게 문책과 벌금을 내렸다. 이에 팬들은 '푸토(남창)'를 외치는 것은 동성애 혐오와 아무런 상관이 없는 그저 오래된 전통에 불과하다고 항변하고 있다.

## 차레리아

문화, 전통, 의상, 혁명의 역사, 말 타기, 마리아치 음악, 그리고 메스칼까지 한데 어우러지는 차레리아가 멕시코의 공식 국민 스포츠인 것은 당연하다 하겠다. 챙이 넓은 솜브레로를 쓰고 짧은 재킷을 입고 박차를 단 차로(카우보이)는 영락없이 멕시코 사람처럼 보인다. 멕시코 영화의 황금기에 활동한 페드로 인판

테와 호르헤 네그레테 같은 배우들 때문에 굳어진 이미지대로 강인하면서도 말을 타지 않을 때에는 구슬픈 마리아치 노래를 읊조리는 조용한 유형의 사람 말이다. 카우보이 전통은 멕시코 혁명사의 일부이기도 해서 에밀리아노 사파타 같은 우상들과 연관되어 있다. 매년 9월이 되면 최고의 로데오 선수들이 전국 차로 선수권대회에서 승마술을 겨루기 위해 과달라하라로 몰려든다. 물론 밧줄 옭아매기와 황소타기 시합은 스포츠이기도 하지만 예술의 경지에 올라 있다.

## 루차 리브레

복면을 쓰고 망토를 입고 타이즈를 신은 멕시코의 루차도르(레슬링 선수)들은 프로 레슬러보다 만화 속 슈퍼영웅에 더 가깝지만 멕시코시티의 아레나 콜리세오나 아레나 멕시코에서 프로레슬링 시합을 직접 본 사람은 누구나 곧바로 그들이 흘리는 피와 땀과 눈물이 진짜임을 알게 될 것이다.

루차 리브레('자유형 레슬링'이라는 뜻)는 19세기에 그레코로만형 레슬링에서 발전한 것이지만 복면과 그토록 짜릿한 광경을 만들어내는 현란한 공중 기술은 1930년대와 1940년대에서 따온 것들이다. 멕시코에서 가장 유명한 프로레슬링 선수는 엘 산토다. 1950년대를 풍미한 유명인사였던 그는 외계인과 늑대인간의 손아귀에서 세상을 구하는 영웅으로 연재만화와 영화 시리즈에도 등장했다. 심지어 그는 트레이드마크였던 은색 복면을 쓴 채로 묘지에 안장됐다.

스포츠 못지않게 쇼의 성격이 강한 루차 리브레에서는 테크니코(영웅)가 루도(악당)와 맞서는 구도로 선과 악의 대결이 펼쳐진다. 루차도라(여자 레슬러)는 여자 리그에서 남자 선수들 못지않게 격렬하고 피 튀기는 경기를 펼친다. 엑소티코로 불리는 선수들은 화려하고 여자처럼 치장하고 행동한다. 최초의 공개 게이 루차도르인 카산드로는 링 위에서뿐만 아니라 사회 전반에서 동성애를 향한 마초적인 태도에 대해 관심을 불러일으키는 데 크게 기여했다.

루차 리브레를 이용해 사회 저항을 이끌어온 이들도 있다. 수페르 바리오('최상의 거주지'라는 뜻)라는 이름으로 활동하는 이들은 1980년대 말에 곤경에 처한 빈민가 거주자들의 실태를

알리는 운동을 벌였고, 프라이 토르멘타('태풍 수사')라는 이름
의 사제는 프로레슬링 시합을 뛰어 벌어들이는 돈으로 보육원
을 운영했다. 할리우드 영화 〈나초 리브레〉에는 이와 같은 '태
풍 수사'의 공적이 대략적이나마 반영돼 있다.

## 【투우】

비록 피에 굶주린 잔인한 짓으로 여겨져 금지해야 한다는 요
구가 높아지고 있긴 하지만 투우는 여전히 멕시코에서 건재하
다. 멕시코시티의 플라사 멕시코는 좌석이 약 4만 1,000석에
달하는 세계에서 가장 큰 투우장이다. 물론 요즘에는 이곳에
서 투우 경기보다 팝 콘서트가 더 많이 열린다. 10월 말부터
5월까지 이어지는 투우 시즌에 마침 스페인의 투우 경기는 쉴
때라서 유명한 투우사들이 멕시코에서 투우 경기를 펼칠 수
있다. 아과스칼리엔테스에서 열리는 산 마르코스 축제 때 가
장 흥미로운 광경은 투우와 투계다. 바하칼리포르니아 티후아
나에 있는 투우장은 투우 문화와 의식을 체험하려는 미국 관
광객들로 붐빈다. 동물보호운동가들이 전국에서 투우금지운
동을 전개한 결과 2013년에는 소노라 주 전체에서 투우가 금
지됐고, 2014년에는 코아우일라 주에서, 그리고 2015년에는 게

레로 주에서 전면적으로 투우가 금지됐다. 여론조사에 따르면 멕시코 국민 대다수가 투우금지운동을 지지한다.

## 쇼핑

멕시코의 대형 쇼핑몰에 거의 모든 가게가 입점해 있지만 판매 중인 무궁무진한 음식, 신발, 의류, 살림도구, 장난감, 종교용품, 반려동물, 피냐타 등을 제대로 감상하려면 재래시장과 특정한 날이면 도깨비처럼 섰다가 사라지는 길거리 시장을 샅샅이 둘러보시라.

멕시코시티에는 다양한 상품을 전문으로 판매하는 시장이 수백 개나 있다. 그중 도심에서 가까운 산 후안 시장은 악어고기나 멧돼지고기같이 특이한 육류를 팔고 있어 요리사들이 자주 찾는 곳이며 소노라 시장은 독약과 각종 묘약과 주술과 마녀로 유명하다.

【 수공예품 】

멕시코는 뛰어난 아르테사니아(수공예품) 천지다. 이는 콜럼버스 이전 시대 멕시코의 세련된 문명과 살아남은 수많은 원주민 집단이 남겨준 유산이자 여러 민속 공예가들이 전통 디자인에 새로운 분위기를 입힌 덕분이다.

멕시코 광산은 수천 년 동안 고품질의 은을 생산해 왔다. 탁스코, 사카테카스, 산 루이스 포토시 같은 광산촌은 콜럼버스 이전 시대의 디자인과 현대적인 디자인의 보석류를 만들어 내는, 기술이 뛰어난 은 세공인들의 본거지다. 보석을 구입할 때는 길거리보다 전문 가게를 이용하며 순은 925 표시를 찾으시라.

파츠쿠아로, 오악사카 그리고 멕시코시티에서 죽은 자들의 날 축제용으로 제작되는 종이반죽 해골과 뼈다귀와 복면은 독창적인 모습으로 오싹함을 자아낸다. 판화가 호세 과달루페 포사다의 유명한 죽은 자들의 날 판화 작품들을 복제한 것들도 쉽게 구할 수 있는데, 매년 칼라베라 카트리나(카트리나 해골)처럼 캐릭터마다 새롭게 바뀐 모습의 판화가 등장한다.

시에라마드레 옥시덴탈 산맥에 사는 우이촐족의 상징적이고 굉장히 환각적인 공예품은 고대 신화와 환각성분의 페요테 선인장이 불러일으키는 주술적 환영에 그 뿌리를 두고 있다. 우이촐족의 정신세계를 가장 잘 표현해 낸 예술품은 그들의 정교한 실 그림이다. 그러나 푸에르토 바야르타, 과달라하라, 산 미구엘 데 아옌데에서는 이와 같은 상징적 디자인을 판매용 공예품에 입혀서 제작해 팔고 있다.

# 07

## 교통, 건강, 안전

멕시코는 교통시설이 잘 갖춰져 있는 나라다. 고속도로와 유료 도로는 유지보수가 잘 되어 있고 에어컨이 설치된 버스가 주요 노선을 운행하며 주요 도시와 관광지에 공항이 자리하고 있다. 비행 기나 택시 비용도 미국이나 유럽보다 대체로 싼 편이다. 대부분의 항공편과 버스와 숙박을 예약할 수 있는 온라인 사이트를 활용하면 더 쉽게 여행 계획을 짤 수 있다.

여행에 나서기 전에 혹시 있을지 모를 사고나 질병에 대비해 적절한 여행보험과 건강보험부터 반드시 들어놔야 한다. 작은 글씨의 약관까지 꼼꼼하게 읽어보고 보장 범위를 정확히 확인해야 한다. 특히 활강 줄을 타고 코퍼 캐년을 건너거나 산 크리스토발 데 라스 카사스에서 동굴 탐험을 하거나 칸쿤에서 고래상어와 수영을 하는 등 모험 스포츠를 할 예정인 사람은 더 주의가 필요하다. 말 타기, 급류 타기, 스쿠버 다이빙 같은 활동에 참여하기 전에도 해당 활동을 주관하는 회사가 적절한 보험에 가입했는지 꼭 확인하시라.

미국과 캐나다와 영국에서 이용할 수 있는 제일 좋은 보험에 가입하면 응급의료수송, 피난, 본국 송환까지 보장해 줄 것이다. 특히 의료서비스에 한계가 있어 항공기로 이동해야 할지

도 모르는 시골 지역을 여행할 계획이라면 이런 보험이 아주 유용하다.

멕시코는 교통시설이 잘 갖춰져 있는 나라다. 고속도로와 유료 도로는 유지보수가 잘 되어 있고 에어컨이 설치된 신식 버스가 주요 노선을 운행하며 주요 도시와 관광지에 공항이 자리하고 있다. 멕시코가 큰 국토를 자랑하는 다른 북아메리카 국가들보다 작을지는 모르나 라틴아메리카에서는 여전히 가장 큰 나라에 속하기 때문에 구체적인 행선지를 정하고 계획만 잘 짠다면 최고의 경험을 선사한다. 비행기를 이용하든 버스나 택시를 이용하든 일주 비용도 미국이나 유럽보다 대체로 싼 편이다. 오지로 떠날 게 아니라면 대부분의 항공편과 버스와 숙박을 예약할 수 있는 온라인 사이트를 활용해 쉽게 여행 계획을 짤 수 있다.

## 항공

멕시코에는 약 60곳의 여객 공항이 있다. 멕시코를 대표하는 멕시코시티의 베니토 후아레스 국제공항부터 이용객들로 붐

비는 칸쿤, 과달라하라, 몬테레이, 티후아나, 로스 카보스, 푸에르토 바야르타, 메리다의 국제공항들, 그리고 국내선을 운항하는 여러 작은 공항들까지 그 면면도 다양하다.

멕시코의 대표 항공사는 아에로멕시코다. 과거 국영기업이었던 이 국적기 항공사는 현재 델타, 에어프랑스, 그리고 대한항공과 스카이팀 항공 연맹에 소속돼 있다. 다수의 미국 및 유럽 항공사들이 경쟁적으로 멕시코 노선을 운항하고 있으니 가격을 비교해 보는 게 유리하다.

국내선의 경우, 저가 항공사들이 신규 취항하면서 비바아에로부스와 현재 과달라하라에서 텍사스까지 운항하고 있는 볼라리스를 포함해 비바아에로멕시코 코넥트의 독점 체제를 위협하고 있다. 국내선 비행기를 이용하면 장거리 버스보다 비

용이 서너 배 더 들지만 상당한 시간을 절약할 수 있다. 최대한 싼 값에 이용하려면 미리 예약하되 항공권 가격이 올라가는 데다 표를 구하기도 어려운 크리스마스, 부활절, 여름방학 기간에 여행하는 것은 피하시라.

## 버스

멕시코를 여행할 때 장거리나 단거리 모두 가장 싸게 이동할 수 있는 교통수단은 버스다. 할리우드 영화를 보면 낡아빠진 괴상한 기계가 전형적인 지친 모습의 가난한 농부들과 그들의 가축을 가득 태우고 매연을 풀풀 내뿜으며 그르렁거리면서 시골 흙길을 천천히 내려가거나 급커브를 아슬아슬하게 달려가는 장면이 심심찮게 등장한다. 멕시코 오지에서는 여행자들이 이른바 '닭장차'라고 말하는 이런 버스를 만날 수도 있다. 만약 이런 버스를 타야 한다면 긴장을 풀고 그 순간을 즐겨보시라. 그와 같은 멕시코 시골 풍경을 접할 기회도 점점 드물어지고 있으니까 말이다.

멕시코의 대다수 대도시에는 에어컨이 설치되고 음식과 무료 와이파이를 이용할 수 있는 현대식 버스 터미널이 있어서 에어컨이 나오고 오락거리가 탑재된 편안하고 현대적인 버스를 탈 수 있다. 자주 출발하는 이런 버스는 상대적으로 요금이 비싸지만 거의 어디든 갈 수 있다는 장점이 있다.

멕시코시티에 있는 4개의 버스 터미널은 각각 동서남북으로 운행한다. 대다수 시읍면에서 '센트랄 카미오네라' 또는 '테르미날 데 아우토부세스'로 불리는 버스 중앙 터미널은 외곽에 있을 것이다.

멕시코에서 아우토부스보다 '카미온'이라고 불리는 장거리 버스에는 세 등급이 있다. 요금이 가장 비싼 최고급 버스는 영수증에 프리메라 플루스, 데 루호, 풀만 또는 에헥쿠티보로 기입되는 고급 서비스를 제공한다. 여기에 추가요금을 내면 특급 서비스로 따뜻한 음료를 제공하고 역시 지정석과 비디오 그리고 에어컨과 차내 화장실을 제공하는 프리메라급 버스들보다 더 편한 좌석을 장착한 버스를 탈 수 있다. 마지막으로 세군다(2등급) 버스는 품질이 다양해서 에어컨이 없을 수도 있으며 대체로 도중에 더 많이 정차한다. 직행 버스에는 '디렉토'나 '엑스프레소'라고 표시돼 있을 것이다.

아도와 탑 같은 대형 버스회사들은 온라인으로 예약할 수 있도록 웹사이트를 잘 운영하고 있으며 출발과 도착 시간을 알려주는 버스 시간표도 제공하고 있다. 온라인에서 예약할 수 없는 사람은 여행 하루 전날 터미널에서 표를 구입하는 편이 좋다. 이용객이 많은 시간대에 이동할 계획이라면 특히 더 신경 써야 한다.

버스를 탈지 아니면 비행기를 이용할지 결정할 때 이동거리가 엄청날 수 있음을 명심해야 한다. 가령 티후아나에서 칸쿤까지 버스로 이동하면 거의 3일이 걸린다.

## 기차

1990년대 말에 철도가 민영화된 이후 멕시코 대다수 지역에서 더 이상 여객 열차가 운행되지 않는다. 그나마 몇 개 남아 있는 여객 열차 중에는 바랑카 델 코브레(코퍼 캐년)를 통과하는 치와와-태평양 횡단 열차가 있는데, 이 열차를 타면 세계에서 가장 멋진 기차 여행을 할 수 있다. 이보다 장엄함은 조금 떨어지지만 나름 흥미진진한 열차는 과달라하라에서 파란 용설란을 재배하는 농장을 지나 호세 쿠에르보 테킬라 대농장과 멕시코의 가장 유명한 수출품 이름의 원조 마을인 테킬라의 양조장까지 달리는 기차다.

## · 엘 체페 열차 타기 ·

37개의 다리와 86개의 터널을 지나는 650km의 페로카릴 치와와-파시피코 (치와와·태평양) 열차는 19세기 공학기술의 뛰어난 업적을 상징하는 것이자 북아메리카에 마지막 남은 협궤 열차 중 하나다.

'엘 체페'라는 애정 어린 이름으로도 불리는 멕시코 최후의 진정한 여객 열차를 타고 코퍼 캐년을 통과하다 보면 애리조나의 그랜드 캐년보다 더 깊게 깎여들어가고 방대한 지역까지 펼쳐진 거친 계곡들이 연이어 탄성을 자아내고 경외심을 불러일으킨다.

엘 체페는 태평양 연안의 로스 모치스를 출발해 칙칙폭폭 소리를 내며 천천히 달려 산악지대로 올라가 타라우마라 산맥을 지나서 치와와에 도착한다. 승객들은 원하면 하이킹 출발지인 크레엘과 디비사데로에서 내릴 수 있다. 그리고 이곳에서 현지 음식을 먹거나 마드레 산맥 출신으로 장거리 달리기로 유명한 원주민 집단 타라우마라족이 만든 수공예품을 구입할 수 있다.

## 자동차 운전

혼잡 시간대마다 교통 정체와 차량 매연과 활기를 띤 칠랑고 (멕시코시티 사람)들로 북적이는 멕시코시티에서 운전하고 싶은 사람은 별로 없을 것이다. 제멋대로 뻗어나가는 멕시코시티는 너무 거대해서 초보 운전자가 이리저리 잘 빠져나갈 수가 없다. 또한 택시 타기가 아주 쉽고 지하철도 이용하기 편리한데 누가 수고롭게 운전을 하겠는가?

그 외의 다른 지역에서 식민 도시나 유카탄 지역의 고고학 유적지를 관광할 때는 직접 운전하는 것도 괜찮다. 대체로 자신이 철저히 계획을 세우는 사람이라면 좋은 지도나 믿을 만한 앱을 준비하시라.

그리고 밤에 운전하거나 분쟁 지역을 지나가는 것은 삼가라. 멕시코에서 운전할 때나 국내에서 운전할 때 다른 것은 전혀 없다.

멕시코에서 운전하다 보면 교통 표지판이 부실하고 유료 도로는 돈이 아깝지 않으며, 다른 운전자들에게 재량권을 넘기는 게 유리하다는 것을 알게 될 것이다. 출발하기 전에 항상 현지인의 조언을 새겨듣고 지나치다 싶을 정도로 조심하라.

【 도 로 】

도시 밖으로 나가면 주요 도시들을 연결해 주는 도로망이 잘 정비돼 있으며 남부 지역보다는 북부의 도로 여건이 더 낫다.

수페르 카레테라(초고속도로)는 4차선으로 가장 넓고 가장 빠르다. 이들 도로는 교통량도 제일 적은 대신 통행료는 제일 비싸다.

그다음 단계는 쿠오타('요금'이라는 뜻으로 일반 유료 도로를 가리킴)로서 더 싸게 이용할 수 있는 유료 도로다. 쿠오타는 4차선부터 1차선까지 품질과 폭이 다양한데 이곳을 이용하다 보면 트럭과 버스를 마주치기 쉽다. 유료 도로를 탈 때는 항상 수중에 현금을 갖고 있어야 한다.

무료 도로인 리브레는 이용하는 차량이 굉장히 많다 보니 언제나 붐빈다. 또한 도심을 통과하는 데다 일부 구간은 도로 사정이 안 좋다. 하지만 급하지만 않다면 유료 도로보다 멕시코의 정취를 더 많이 느낄 수 있다.

거리는 킬로미터로 측정되며 속도제한은 초고속도로와 유료 도로에서 시속 110km이고 건물밀집지역에

서는 40km다. 또한 많은 1차선 시골길에서는 70km로 제한돼
있다.

## 【 연료 】

최근까지 페멕스가 모든 주유소를 운영했기 때문에 미국의 영
향을 더 많이 받는 미국 국경 지역만 빼고 전국의 연료비가
같았다. 새로운 주유소가 생기고 가격 경쟁력이 높아져 자가
용 운전자들의 여건이 개선될 것으로 전망된다. 멕시코에서는
옥탄가 87의 일반 가솔린과 옥탄가 91의 프리미엄 가솔린 등
무연가솔린을 사용한다. 디젤 또한 사용할 수 있다.

## 【 교통법규 】

멕시코에서 차량은 우측으로 통행한다. 안전벨트 착용은 의무
다. 술을 마시고 운전하는 것은 불법이다. 외국인 운전자들은
스페인어 도로표지판을 숙지해야 하고 과속방지턱, 움푹 들어
간 곳, 돌아다니는 가축 등을 주시해야 한다.

　고속도로에서 차가 고장 났을 때 연방교통경찰의 도움을
받을 수 있으며 도심부에서는 교통경찰에게 도움을 청할 수
있다. 멕시코 사람들은 대체로 교통경찰을 경계하는 편이다.

교통경찰이 차를 세우면 교통 위반으로 범칙금을 내야 하기 때문이다. 교통경찰을 만나면 항상 공손한 태도를 취하며 본인이 외국인이라는 점을 강조하라. 만약 범칙금을 부과 받으면 영수증을 받을 가능성이 적다. 해당 경찰의 일처리가 불만족스럽더라도 목적지까지 안전하게 도착할 때까지 기다렸다가 불만을 접수하시라.

## 도시교통

멕시코의 크고 작은 도시에서는 현지 버스부터 규제가 거의 없는 미니밴과 콤비, 미크로, 그리고 콜렉티보로 불리는 소형 버스까지 여러 교통편을 이용할 수 있다. 그러나 일부 교통편은 너무 작아서 다른 승객과 무릎이 닿을 수도 있다. 멕시코시티의 빠른 교통 체계인 메트로부스를 이용할 때는 선불 스마트카드로 요금을 결제하지만 (요금이 1페소라서 '페세로'로도 불리는) 콤비, 미크로, 콜렉티보를 포함한 대다수 버스들은 내리거나 탈 때 기사에게 직접 요금을 주며 원하는 정류장을 말하면 정차해 줄 것이다. 멕시코시티의 페세로를 타면 요란하게 울리는

음악소리 때문에 큰 소리로 내리겠다고 말해야 하며 사람들로 북적이는 데다 소매치기를 당할 위험 또한 높다.

사람들로 붐비는 시간대만 피한다면 멕시코시티를 돌아다니는 가장 좋은 방법은 지하철을 타는 것이다. 12개 노선과 195개 역  으로 구성된 멕시코시티의 지하철은 북아메리카에서 뉴욕 다음으로 큰 교통 체계를 갖추고 있다.

택시 또한 저렴하게 이용할 수 있는 교통편이다. 우버와 카비피 같은 새로운 택시 앱 서비스는 분홍색과 흰색이 들어간 멕시코시티 공식 택시에 비해 요금이 싼 편이다. 안전하게 다니려면 항상 공식 택시를 이용하되 될 수 있으면 시티오로 불

### • 핑크 레이디 •

2000년에 멕시코시티 지하철은 혼잡 시간대에 발생하는 성희롱 사건을 줄이기 위해 승강장과 객차에 여성과 12세 미만 어린이 전용 특별구역을 도입했다. 이후 시 정부는 2008년에 여성과 어린이를 위한 분홍색 버스와 푸에블로에서 처음으로 시험 운행에 나선 여성 운전기사가 운전하는 여성 친화적 택시를 도입했다. 많은 여성들이 대중교통을 이용할 때 일상화된 추근거림과 희롱에서 잠시나마 벗어날 수 있어서 이런 정책을 환영했다. 그러나 깊숙이 자리 잡은 마초적인 태도가 바뀌기 전까지 근본적인 상황은 개선되지 않을 것이라는 주장도 나오고 있다.

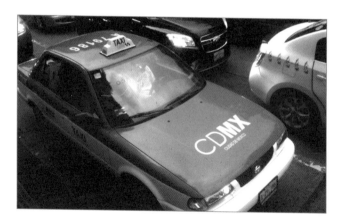

리는 택시 승차장에서 타거나 믿을 만한 택시업체에 전화를 걸어 택시를 보내달라고 하는 것이 좋다.

## 숙박

멕시코를 찾는 이들은 거의 모든 종류의 숙박업소를 경험할 수 있다. 할리우드 최고 스타들에게 맞춘 호화로운 리조트부터 예산이 빠듯한 배낭여행객에 안성맞춤인 어부의 오두막에 걸려 있는 해먹에 이르기까지 정말 다양하다.

호텔은 별 1개짜리부터 5개까지 등급이 나뉘어 있는데 가

장 호화로운 특급 호텔은 그랜 투리스코로 분류돼 있다. 역사적 의미가 있는 농장, 저택, 수녀원 등도 자체적으로 등급이 나뉘는데 이런 숙소를 이용하면 보존 문제 때문에 서비스가 제한될 수 있지만 멕시코의 풍요로운 과거를 몸소 느낄 수 있다. 해먹과 시골 해변에 자리한 카바나(오두막)에는 별 따윈 붙지 않으며 일부 해변에서는 자유롭게 캠핑을 할 수 있다. 하지만 캠핑을 할 때는 항상 현지인과 함께 캠핑할 장소를 알아보는 게 좋다. 일부 지역에서는 캠핑을 하는 이들이 강도의 표적이 되기 때문이다. 실망하지 않으려면 숙박을 결정하기 전에 항상 방을 보여달라고 요구하라.

멕시코 현지 호텔 체인에는 프레시덴테 인테르콘티넨탈과

카미노 레알 등이 있는데 매리어트, 쉐라톤, 웨스틴 같은 국제적 체인 호텔보다 개성이 뚜렷한 편이다.


## 보건


멕시코는 양질의 보건의료서비스를 제공하고 있으며 치료비를 부담할 수만 있다면 의료장비가 잘 갖춰진 현대식 병원에서 모든 치료를 받을 수 있다. 국가가 제공하는 공공의료는 민간 의료에 비해 신뢰성이 떨어질 수 있다.

멕시코 사람들은 가벼운 질환에 걸리면 제일 먼저 약국부

터 가는 편이다. 항생제를 포함해 다른 나라에서는 처방전이 필요한 여러 가지 의약품들을 처방전 없이 살 수 있으며 약사들은 간단히 조언을 해줄 수 있다. 약값은 보통 미국보다 비싸고 영국과 거의 비슷한 수준이다. 증상이 심하면 호텔이나 영사관에 문의해 영어를 구사하는 의사를 찾거나 현지인들에게 가장 좋은 병원이 어디인지 물어보라.

【 건강 대비책 】

멕시코를 방문할 때 반드시 예방접종을 받아야 할 의무 같은 것은 없다. 하지만 황열병이 발병한 나라에서 입국하는 사람은 예방접종 확인서를 반드시 지참해야 한다. 시골 오지나 정글 지역을 여행할 계획이라면 A형 간염과 B형 간염 백신, 장티푸스, 디프테리아, 소아마비 그리고 파상풍 예방접종(또는 추가접종)을 받는 게 좋다.

멕시코 남부 시골 지역과 유카탄 지역의 오지에서 말라리아가 출몰하므로 이들 지역을 방문할 때는 예방조치를 취해야 한다.

열대지방, 그중에서도 특히 고도가 높은 곳의 태양은 맹렬하므로 흐린 날에도 반드시 자외선 차단제를 바르고 모자를

## • 지카 바이러스 •

두 종의 숲모기(이집트숲모기와 흰줄숲모기)가 옮기는 지카 바이러스는 아프리카에서 발생되어 2015년에 브라질에서 처음으로 감지된 후 아메리카 대륙 전역으로 빠르게 퍼져나갔다. 감염인 5명 중에서 1명만 증상을 보이는 것으로 생각되는데 주요 증상으로는 발진, 두통, 미열, 결막염, 그리고 관절통증 등을 들 수 있다. 브라질에서 지카에 걸린 환자들은 소두증(아기에게서 발견되는 머리가 작은 증상)과 관련이 깊어 임신한 여성들은 지카 환자가 확진된 지역을 피하라는 경고가 내려진 상태다.

대응에 나선 멕시코 정부는 발병 지역에서 모기 훈증소독 프로그램을 실시해 왔고 관광청은 대도시와 대다수 관광지는 전반적으로 영향을 받지 않은 상태라는 것을 알리기 위해 상세한 지도를 만들어 상황을 자세하게 기록해 왔다(그래도 여행을 떠나기 전에 최신 정보를 확인하시라). 지카 백신은 아직 없다. 여행자들은 감염된 모기에 물리지 않도록 긴팔 옷과 긴바지를 입고 주기적으로 기피제를 뿌리고 모기장을 치고 자야 한다.

써야 한다. 해가 지면 모기가 나타나 물기 때문에 긴팔 옷과 긴바지를 가져가고 모기가 나타나기 전에 모기 기피제를 뿌리거나 발라야 한다.

작은 구급낭에다 소독용 크림, 벌레 기피제, 지사제, 재수화염, 그리고 작은 상처에 쓸 수 있는 일회용 반창고 등을 챙겨갈 것을 권한다.

복용중인 약이 있다면 꼭 가져가고 콘택트렌즈 용액이나 여분의 안경도 챙겨 가는 것이 좋다.


## 자연 속 위험요소

고산병  증상에는 어지럼증, 두통, 호흡곤란 등이 있다. 자주 멈추면서 서서히 올라가면 적응하는 데 도움이 될 것이다. 만약 증상이 지속되면 기분이 나아질 때까지 내려가라.

전갈  오지에 가거나 밀림이나 해변에서 캠핑을 할 때는 현지 조언을 따르고 전갈에 쏘이지 않으려면 신발을 신기 전에 흔들어야 한다. 연노란색 전갈(센트루로이데스과)에 쏘이면 치료를 받아야 한다. 그리고 종을 확인할 수 있도록 문제의 전갈을 잡아서 (병원에) 가져가도록 하라.

산호  스노클링이나 다이빙을 하다가 산호에 스쳐 살갗이 벗

겨지기 쉽다. 상처 부위를 항균제나 식초 또는 자신의 소변으로 충분히 씻어내지 않으면 빠르게 감염될 수 있다. 해파리에 쏘였을 때도 같은 처치가 필요할 것이다.

거미 털이 많은 타란툴라(독거미의 일종)는 여러 할리우드 영화에서 악당으로 나오지만 실제 독거미에 물렸을 때 통증은 벌에 쏘이는 것보다 조금 더 아픈 정도다. 멕시코에서 조심해야 할 거미는 흑색과부거미(속명 Latrodectus)와 갈색은둔거미 또는 바이올린등거미다. 이 두 거미는 무는 일이 드물고 해독제도 구할 수 있지만 심각한 합병증을 일으킬 수 있다.


## 안전

멕시코는 보통 대규모 마약 단속이나 마약 거물 체포 소식이 있을 때만 언론에 오르내린다. 그러나 이런 부정적인 이미지가 널리 퍼져 있어도 폭력적인 범죄 조직들은 특정한 지역에서만 활개를 치기 때문에 그런 지역을 피하면 된다.

모든 주요 도시와 인기 있는 관광지가 그렇듯 방심한 관광객들을 노리는 소매치기, 기회주의자, 사기꾼들이 있다. 하지

## • 급행 납치 •

최근 몇 년 사이 이른바 '급행 납치'가 증가했다. 1명 이상으로 구성된 급행 납치범들은 짧은 시간에 택시 승객에게 칼이나 총부리를 들이대고 귀중품을 빼앗아 가거나 현금자동입출금기나 은행으로 데려가서 강제로 돈을 인출하게 한 뒤 승객을 풀어준다.

범죄의 표적이 되지 않으려면 다른 이들과 무리지어 여행하고, 현금을 인출할 때는 낮에 은행이나 쇼핑몰 안에 설치된 현금자동입출금기에서 해야 한다. 또한 길거리에서 택시를 잡아 타지 말고 콜택시를 부르거나 호텔 측에 택시를 불러달라고 요청하라. 만약 급행 납치를 당하게 된다면 대항하지 말고 범인들이 원하는 것을 주는 게 최선이다.

만 슬기롭게 대비한다면 범죄의 피해자가 될 가능성을 줄일 수 있다. 차량 탈취와 노상강도 행각은 멕시코 북부와 시날로아 지역 그리고 치아파스의 한적한 도로에서 문제가 되고 있다. 따라서 현지 경고에 주의를 기울이고 밤 운전은 피하는 게 좋다. 차량을 빼앗고 버스를 세우기 위해 도로에 장해물을 놓거나 차가 고장이 나서 도움이 필요한 척 꾸미는 등 다양한 전략이 동원된다. 대다수 차량 탈취 피해자들은 귀중품만 빼앗긴 뒤 무사히 풀려난다.

## 피해야 할 위험지역

멕시코의 대다수 주요 관광지는 대체로 안전한 데 반해 게레로, 미초아칸, 모렐로스, 시날로아, 소노라, 타마울리파스 그리고 사카테카스 같은 주들은 납치, 강탈, 살해, 인신매매 같은 사건이 발생하거나 멕시코 치안부대와 마약 조직이 대치하고 있는 탓에 피해야 할 지역으로 관심을 받고 있다. 한때 유명한 해변 리조트 단지였던 게레로 주의 아카풀코는 최근 몇 년 사이 살인 사건이 빈번하게 일어나는 곳이 돼버렸기 때문에 보안 상태가 나아질 때까지 여행을 삼가시라. 여행에 나서기 전에 각 나라별 구체적인 조언이 담긴, 미 국무부가 최근 발행한 해외여행 경보단계 안내서 중 멕시코 편을 참조하라.

## • 안전 팁 •

- 다른 사람들과 함께 다닐 것. 무리지어 다니는 게 안전하고 특히 여성 혼자 다니면 범죄의 표적이 될 수 있다.
- 도둑들의 주의를 끌지 말 것
- 금팔찌, 다이아몬드 반지, 비싼 시계 등은 집에 두고 가고 디지털 카메라와 휴대전화는 눈에 띄지 않게 할 것
- 길거리에서나 밤에 현금자동입출금기를 사용하지 말 것. 낮에 은행 안에 설치된 ATM기를 이용할 것
- 약간이라도 스페인어를 익힐 것. 현지 언어를 잘 말하고 잘 알아들을수록 유리하다.
- 현지인의 말을 새겨듣고 가지 말라고 하는 곳은 가지 말 것. 크고 작은 도시의 빈민촌에는 가지 말 것. 위험한 분쟁 지역은 피할 것
- 사람들로 붐비는 곳은 피할 것. 멕시코시티에서는 지하철을 이용하지 말고 북적대는 시장 같은 곳에는 귀중품을 가져가지 말 것. 미성년자를 포함한 소매치기들은 잔뜩 몰려든 인파를 이용해 귀중품을 훔쳐가기 때문이다.
- 호텔 금고를 활용할 것. 현금을 전부 가지고 다니지 말고 강도를 만났을 때 건네줄 수 있을 만큼의 돈은 늘 지니고 있어야 한다.

- '소매치기용 지갑'을 가지고 다닐 것. 이 미끼용 지갑에 미성년자 소매치기가 가져갈 만한 소액의 지폐 한두 장과 기한이 만료된 신용카드 또는 진짜 카드처럼 보이는 낡은 도서관 카드나 체육관 카드 등을 넣어놓는다.
- 혹시 필요할지 모르니 허리띠나 신발 또는 옷 속에 비상금을 숨겨둘 것
- 그러려니 할 것. 만약 무장 괴한을 만나면 수중에 있는 것들을 건네줄 것. 침착함을 유지하되 저항하지 말 것
- 각종 서류를 복사해 둘 것. 여권과 비행기 표를 비롯한 여러 서류들을 스캔해서 자신의 이메일과 가족들의 이메일로 복사한 것들을 보내두는 것이 좋다. 카드를 빼앗기거나 잃어버렸을 때 카드사에 전화로 분실도난신고를 할 수 있도록 관련 은행과 카드사의 전화번호도 함께 이메일로 보내둘 것

# 08

## 비즈니스 현황

멕시코는 현재 유럽, 라틴아메리카, 카리브해, 아시아, 이스라엘, 그리고 호주 등 총 46개국과 자유무역협정을 체결했다. 여러 외국 회사들이 북미자유무역협정 조건에 따라 미국 시장과 자유로이 교역하기 위해 멕시코에서 영업을 하고 있다. 2016년에 멕시코는 수출의 약 80%를 미국에 의존하고 있다.

# 기업문화

멕시코는 1994년에 북미자유무역협정에 서명한 이후 오랫동안 비교적 안정되게 경제 성장을 이뤄왔다. 지난 20년간 외국인투자자에게 개방돼 왔던 부문은 자동차산업, 운송업, 은행업, 통신 등이며 최근에는 부동산과 에너지 그리고 석유산업으로까지 외국인투자자가 확대됐다. 그 결과 과거와 달리 석유수익 의존도가 줄어들면서 경제가 아주 다양하고 정교해졌다. 그러나 멕시코 경제는 여전히 미국의 경제적 부침에 큰 영향을 받는다.

다양한 이름으로 멕시코 전역에 퍼져 있는 2,000개의 월마트 아울렛부터 스타벅스, KFC, 서브웨이처럼 어디에나 있는 프랜차이즈 외식업체에 이르기까지 미국의 영향력은 어디에서나 눈에 띈다. 심지어 타코벨은 멕시코의 가장 상징적인 음식을 미국식으로 해석해서 모국에 되팔고 있다.

미국 국경 지역과 더불어 북부 산업 지역에서는 마킬라도라*들이 BMW나 닛산 같은 유럽과 일본의 자동차 제조사뿐만 아니라 포드, 제너럴모터스, 크라이슬러 같은 미국 자동차

---

* 멕시코에서 값싼 노동력을 이용해 부품을 조립해 수출하는 외국계 공장−옮긴이

회사들을 위해 매년 약 300만 대의 차량을 만들어낸다.

바나멕스*를 소유한 미국의 거대 은행기업 시티그룹이 고객을 유치하기 위해 HSBC, 캐나다의 스코티아뱅크 그리고 반코메르를 인수한 스페인의 BBVA 그룹과 경쟁하면서 은행업의 전체 풍경도 바뀌었다. 이와 같은 외국의 거대 은행기업들이 들어오면서 은행 영업시간이 늘어났고 온라인으로 은행 업무를 보기가 쉬워졌으며 선택할 수 있는 대출의 폭도 다양해졌다.

멕시코는 현재 유럽, 라틴아메리카, 카리브해, 아시아, 이스라엘, 그리고 호주 등 총 46개국과 자유무역협정을 체결했다. 여러 외국 회사들이 북미자유무역협정 조건에 따라 미국 시장과 자유로이 교역하기 위해 멕시코에서 영업을 하고 있다. 2016년에 멕시코는 수출의 약 80%를 미국에 의존하고 있다.

저임금과 숙련 노동력에 이끌려 미국의 거대 기업들이 멕

---

* 시티그룹이 2001년에 인수한 멕시코 은행-옮긴이

시코 북부로 진출하면서 가처분 소득을 보유하고 있는 대도시 중산층이 늘어난 결과 서비스산업이 지속적으로 증가해 멕시코 국내총생산의 약 60%를 차지한다.


## 멕시코에서 사업하기

멕시코 정부는 수년 동안 저유가를 벌충하고 사업 다변화를 높이기 위해 외국 투자를 적극적으로 유치해 왔지만 전망이 그렇게 밝지만은 않다. 일부 지역에서 회사를 운영하는 데 보안비용이 높은 데다 법규 및 부패 문제가 여전하기 때문이다. 간단히 말해 멕시코에서 사업을 하려면 시간이 걸린다는 뜻이다. 그저 서둘러 이메일 몇 통을 보내고 비행기를 타고 입국해 악수를 하는 것만으로 계약을 할 수는 없다. 회의를 준비하고 필요한 사람을 찾고 예기치 못한 지연을 처리하는 과정에서 간혹 좌절할 수도 있다. 인내심과 융통성을 발휘할 각오를 해야 한다.

여느 다른 라틴아메리카 나라들이 그렇듯 멕시코에서도 자신이 팔아야 하는 제품만큼이나 자신이 누구를 알고 있는지

가 중요하다. 시간을 들여 인맥을 쌓고 안면을 익히는 일이야
말로 사업의 성패를 좌우할 것이다.

멕시코 주재 자국 영사관에서 사업 담당관을 만나 도움을
청하라. 사업 담당관들은 대개 법률 상담을 해주는 현지 회사
들의 최신 목록을 보유하고 있을 것이다. 이들 회사들은 계약
서를 작성하고 번역까지 해줄 수 있다. 해당 지역의 상공회의
소에서도 도움을 받을 수 있다. 무엇보다도 조직의 결정권자나
중요한 위치에 있는 이들과 만날 수 있게 해주거나 지연되는
상황에 처했을 때 일을 진행해 줄 수 있는 사람들을 찾는 게
가장 중요하다.

2016년 세계은행의 기업환경평가에서 멕시코는 189개 조
사대상국 가운데 38위를 차지했다. 이 정도면 미국(7위)과 영
국(6위)보다 한참 아래지만 라틴아메리카 나라들과 카리브해
지역에서 가장 높은 순위이자 칠레보다도 10단계나 높은 수
준이다. 계약이행 부문에서는 이보다 낮은 41위에 올랐지만
이 또한 라틴아메리카 국가들 중에서는 가장 높은 순위다.

【 대인관계 】

어느 나라에나 고유의 사업방식이 존재한다. 멕시코가 비록 경

영대학원에서 가르치는 미국식 경영 모형의 영향을 가장 많이 받는 나라긴 하지만 이 나라 사람들은 여전히 본격적인 사업 이야기로 들어가기 전에 시간을 들여 사교적인 관계를 형성하기 좋아한다.

과거에는 부유한 가문 출신의 몇몇 엘리트들이 나라 전체를 좌지우지했다. 그래서 결정권자와 만나서 일을 성사시키고 싶은 이들에게 가장 필요한 것은 그 사람과 안면을 트도록 도와줄 친구나 혹은 자신이 괜찮은 집안 출신임을 의미하는 인상적인 성씨밖에 없었다. 이러한 개념은 지금까지도 어느 정도 지속되고 있어서 처음 만났을 때 급한 사업 이야기는 제쳐두고 가족이나 고향 그리고 멕시코에 대한 인상 등을 물으며 잡담을 이어나갈 때가 많을 것이다.

잠재적인 사업 파트너와 인간관계를 쌓는 일은 시간이 많이 걸리기 때문에 사업을 진행시키고 싶은 미국이나 유럽의 기업가들이 당혹스러워할 수도 있다. 그러나 서둘러 협상에 나섰다가는 부정적인 인상을 줄 수 있으므로 여유를 갖고 예상보다 많이 만나고 시간도 더 걸린다는 것을 고려해야 한다. 무엇보다도 추천서를 잘 써주고 혼자 힘으로는 만나기 어려운 회사 대표나 결정권자에게 직접 줄을 대줄 수 있는 사람들을 만나는 게 중요하다. 대부분 일이 성사될 때까지 여러 번 찾아가야 할 것이다.

멕시코에서 사업을 할 때는 좋은 인상을 주고 인맥을 쌓고 시간을 들여 사업하는 데 도움이 될 중요한 사람들을 만나며 꾸준히 관계를 이어가는 게 필요하다.

## 【옷차림】

멕시코의 많은 지역이 열대성 기후로 더운 게 일상이지만 모임과 사업 관련 사교 행사에 갈 때는 정장을 갖춰 입어야 한다. 멕시코 사람들은 옷차림을 중요하게 여기므로 최고 수뇌부들이 만나는 자리에 갈 때 남자들은 보통 짙은 색 신사복을 입고 넥타이를 맨다. 재킷을 입지 않고 넥타이를 맨 복장이거나 자리에 앉자마자 재킷을 벗는 것은 부적절한 행동이므로 모임 주최자가 하는 대로 따라 하는 게 좋다. 여자들의 복장 또한 미국이나 유럽에서와 마찬가지로 치마 정장과 바지 정장 모두 적합하다.

조찬 모임과 점심 모임은 별도의 통보가 없는 한 예의를 갖춘 복장으로 참석해야 하며 저녁행사나 만찬에 갈 때도 개최 장소에 따라 적합한 의상을 갖춰 입어야 한다.

## • 슬림랜디아에 오신 걸 환영합니다 •

자수성가한 억만장자 카를로스 슬림(1940년생)은 레바논 이민자의 아들로 2010년부터 2013년까지 <포브스> 선정 세계 최고 부자 순위에서 빌 게이츠와 워런 버핏을 밀어내고 1위를 차지했다. 그가 소유하고 있는 대기업 그루포 카루소와 기타 사업체에는 은행, 보험, 건설, 부동산, 미디어, 소매, 산본스 레스토랑 체인점, 그리고 시어스 아울렛을 포함해 워낙 다양한 회사들이 포진돼 있다 보니 멕시코의 익살꾼들은 농담처럼 멕시코의 이름을 슬림랜디아로 바꿔야 한다고 말해왔다.

이 거물은 또한 해외에도 상당한 투자를 해서 삭스 피프스 애비뉴\*의 지분을 꽤 많이 갖고 있으며 그가 2009년에 <뉴욕타임스>에 미화로 2억 5,000만 달러를 대출해 준 이후 이 신문에 대한 보유 지분 또한 상당하다. 1990년대에 통신 산업이 민영화되자 카를로스 슬림이 멕시코의 통신 거대 기업 텔멕스를 인수하여 결국 멕시코의 가장 큰 휴대폰 공급업체 텔셀을 운영하는 아메리카 모빌에 합병하면서 그의 재산은 엄청나게 늘었다.

어느 멕시코 투자자는 슬림을 가리켜 록펠러와 카네기와 제이피 모건을 하나로 합쳐놓은 것 같다고 말했다. <포브스> 추산에 따르면 2016년 5월 당시

---

\* 뉴욕 5번가에 본점이 있는 고급백화점 체인―옮긴이

카를로스 슬림의 순자산은 539억 달러에 달했다. 멕시코시티에서 그의 힘과 영향력은 누에보 폴란코 지구에 자리한 번쩍거리는 현대식 쇼핑몰에서 단적으로 드러난다.

그는 또한 죽은 아내의 이름을 딴 미술관 무세오 소우마야를 누에보 폴란코에 세웠는데, 2011년에 문을 연 이 미술관에는 오귀스트 로댕의 조각품 100여 점을 포함해 6만 6,000점의 개인 소장 미술품들이 전시돼 있다.

## **직장** 여성

상황이 서서히 바뀌고 있긴 하지만 멕시코의 대다수 고위 관리자나 CEO는 남자다. 직장 어디서나 마초적인 태도가 유지되고 있는데 건설업 분야는 특히 더 그렇다. 여성들, 그중에서도 특히 마케팅과 판매직 여성들은 외모를 고려해 채용되며 일상적인 성차별은 사라지지 않고 있다. 이와 같은 태도는 아스테카 TV 사장이 2013년에 여성들이 "뭐든지 다 하고 싶어 하기 때문에 일을 잘 못한다"며 집에서 아이를 키우고 남편의 식사를 챙기는 게 잘 사는 길임을 암시한 데서도 여실히 드러났다.

여성들은 또한 동료 남성들보다 임금을 적게 받고 있으며 아이들을 데리고 일할 수 있는 길거리 가판대나 음식점을 운영하는 등의 비공식적 부문에 많이 종사하고 있다.

그러나 중간관리자로 고용되는 여성들의 수는 지난 5년 동안 크게 늘어났다. 뿐만 아니라 여성들은 남성 동료보다 높은 고과점수를 받으며 여성 기업가들은 다양한 산업 부문에서 명성을 떨치고 있다.

멕시코에서 외국인 여성이 사업을 한다 해도 별다른 문제에 부딪힐 것 같지 않지만 여성을 향한 구태의연하다 못해 진기하기까지 한 이런 태도를 접할지 모른다. 또한 성희롱에 가까운 말을 듣게 될 수도 있다. 가장 중요한 것은 상황을 프로답게 대처하되 친절하고 예의바른 태도를 잃지 않아야 한다는 점이다.

사업상 처음으로 멕시코 여성을 만날 때에는 따뜻한 악수를 나누는 게 가장 좋다. 이후 만남이 이어지고 관계가 발전하면 뺨에 입을 맞추는 게 보통의 멕시코 인사법이다.

## 만남의 자리 만들기

정부 기관을 상대할 때 약속을 잡는 절차는 형식적이고 관료적이라서 굉장히 오래 걸릴 수 있다. 직접 닿은 연줄이 없다면 현지 멕시코 대사관부터 시작해 먼저 스페인어로 쓴 공식 서신과 이메일을 보내시라. 대사관에서 접촉을 도와줄 무역담당관을 만날 수 있다면 일은 더 빨리 진행될 것이다. 멕시코인 중개자나 동업자가 있으면 훨씬 더 좋다. 이들은 직접 약속을 잡을 수 있도록 해당 사무실로 데려다줄 수 있기 때문이다.

큰 기업들은 외국 회사와 거래하는 데 익숙하므로 스페인어로 직접 이메일을 보내 만날 날짜를 제시할 수 있다. 다만 만나기로 약속한 날 2주 전쯤에 한 번 그리고 약속 전날 다시 한번 전화를 걸어 모든 게 예정대로 진행되는지 꼭 확인하라. 외국인 사업가들은 이렇게까지 하는 게 지나치다고 생각할 수도 있다. 하지만 상황이 아주 빠르게 변할 수 있고 사업가들이 곡예를 하듯 동시에 여러 가지 일을 해야 하는 멕시코에서는 계속 연락을 취하고, 사람들에게 자신이 갈 것이라는 사실을 부드럽게 상기시켜 주고 친분을 쌓을 기회를 이용해야 한다.

고국에서 아무런 확답도 받지 못한 채 몇 달 동안 이메일을 보냈던 사업가들은 일단 멕시코에 입성하고 나면 성과가 보이기 시작할 것이다. 멕시코 사람들은 얼굴을 직접 보고 말하는 것을 좋아해서 개인적으로 아는 사이가 되고 나면 해당 사업과 관련된 다른 지인들을 소개해 주고 만남의 자리를 갖도록 도와준다.

성과를 빨리 내고 싶다면 멕시코에 가서 직접 사람들을 만나야 할 것이다. 대부분의 나라들이 그렇듯 멕시코에서도 자신과 사업을 주도하고 거래를 승인하는 실세가 누구인지, 그리고 어떻게 그들과 접촉할지부터 파악해야 한다.

【 만날 시간을 정하기 】

멕시코에서 사업과 관련해 약속 날짜를 잡을 때 중요하게 고려해야 할 점이 있다. 멕시코 사람들은 주말과 공휴일을 소중하게 여기기 때문에 금요일 오후나 크리스마스와 새해, 사육제나 부활절을 전후한 긴 연휴 기간에는 어떤 일이든 처리될 가능성이 거의 없다.

약속 잡기에 가장 좋은 시간대는 아침이다. 회사의 규모에 따라서 여러 중역들과 의사결정권자들과 함께하는 조찬 모임에 초대받아 커피와 패스트리를 먹으면서 사업을 논할 수도 있다. 이런 자리는 사전 모임과 같아 상대측에 대해 많은 것을 알아낼 기회로 삼는 경우가 많다. 곧바로 사업 이야기를 하지 않는다고 좌절할 필요는 없다. 이런 자리는 결정을 내리기 위한 것이 아니다. 점심 모임 또한 별반 다르지 않다.

저녁 초대는 당장 거래를 하겠다는 불타는 열망에서 나온 것이 아니라 낯선 도시의 호텔에서 홀로 지낼 외국인을 생각해서 친절을 베푸는 것임을 명심하시라. 항상 프로다운 자세를 유지하는 게 중요하다. 흥청거릴 때조차도 마찬가지다. 멕시코에서는 초대를 한 사람이 밥값을 내는 게 예의다. 자기 밥값만 내는 행위는 결코 하지 마시라. 비열한 사람으로 보일 수 있다. 전부 계산하되 상대방이 거절하면 너무 고집 피우지 말아야 한다. 자칫 모욕감을 줄 수도 있기 때문이다. 모임 주최자가 계산하도록 놔두되 다음 저녁 모임은 본인이 주최하라.

【 시간관념 】

멕시코는 마냐나(내일)의 나라라는 인식이 바뀌지 않고 있는데 어느 정도는 그럴 만도 하다. 예측할 수 없이 변화무쌍한 교통 상황과 일부긴 하지만 작은 동네로 갈수록 사람들이 시간과 관련해 느긋한 태도를 보임에 따라 모임이나 회의 시간이 늦어질 수 있다. 그러나 외국인 사업가는 미리 가는 것까지는 아니더라도 항상 제시간에 도착해야 한다. 또한 계획을 세울 때 운송이 지연될 수 있음을 고려해야 한다. 1시간 정도 기다리거나 심지어 다음 날로 약속을 미뤄야 한다 하더라도 전혀 불쾌하게 생각하지 말고 그저 그 지역 특성이려니 생각하고 익숙해질 필요가 있다. 막판에 바뀌더라도 화를 내거나 지나치게 언짢은 표정을 짓지 말며 일정을 짤 때 반드시 만일의 사태를 대비해 여유를 두는 게 무엇보다 중요하다.

## 회의와 설명회

정식 정차에 따라 회의를 할 때는 대개 참석자들에게 당일 시간대에 따라 '부에노스 디아스(안녕하세요[아침 인사])' 또는 '부에나스 타르데스(같은 뜻의 오후 인사)'라고 인사부터 한다. 회의실에 있는 사람들과 일일이 인사를 나눌 때는 보통 악수를 나눈다.

한 면은 영어로 나머지 한 면은 스페인어로 표기한 명함을 가져가시라. 참석자들에게 나눠줄 자료나 책자 역시 스페인어 번역판이어야 한다. 이때 이왕이면 논조를 제대로 표현하고 여러 다른 스페인어권에서 각각 다른 뜻으로 쓰이는 단어들을 쓰지 않도록 현지인 번역가에게 번역을 의뢰하는 게 좋다.

또한 참석자들 가운데 영어 구사자가 있다 하더라도 통역을 해줄 수 있는 통역사나 중재자/동업자와 대동해야 할 것이다. 일반적으로 큰 민간 회사의 고위급 임원들은 영어를 구사하지만 100% 장담할 수 없는 데다 사업과 관련된 핵심적인 전문기술을 갖춘 중견간부는 영어를 전혀 못할 수도 있기 때문이다. 정부 기관과 거래할 때는 항상 통역사를 대동해야 하며 제안서의 핵심 내용을 스페인어로 정리한 서류를 가져가야 한다.

설명회 또한 스페인어로 진행하되 이왕이면 본인의 사업 계획의 중요한 세부요소들까지 자세히 전달할 수 있도록 통역사를 대동하는 게 좋다.

설명회 도중에 참석자들이 대화를 하거나 혹은 전화를 받거나 회의실을 나간다 하더라도 굴하지 마시라. 이런 모습 또한 느긋한 업무 태도의 또 다른 예에 불과하기 때문이다.

참석자들이 꽤 직설적으로 질문할 수도 있는데 이럴 때 대립각을 세우지 말고 침착하고 신중하게 응대해야 한다. 항상 냉정함을 잃지 않고 친절하고 프로다운 모습을 보이는 게 무엇보다 중요하다.

## 협상

자신의 사업을 선전하고 질문에 답했다고 해서 곧바로 결과가 나오는 것은 아니다. 회의를 한 뒤 최종 결정이 나오기까지 보통 며칠 걸린다. 수시로 다른 사람과 더 상의해 봐야 한다는 말을 듣게 될 것이다. 정부 기관과 거래할 때는 정말 그럴 수도 있지만 민간 회사에서 이렇게 할 때는 "생각해 보고 연락 드리겠습니다"라는 말의 공손한 표현일 수 있다.

그러나 질질 끌며 너무 오랫동안 협상만 한다면 멕시코 사업체 쪽이 노골적으로 퇴짜를 놓기 껄끄러워 넌지시 거부 의사를 알리는 것일 수도 있다. 멕시코 사람들의 미묘한 협상태도에 익숙한 현지인 중개자를 통하면 상대측 반응을 좀 더 정확하게 해석할 수 있을 것이다.


## 계약과 법적 고려사항

판례와 함께 관습법에 의존하는 미국과 영국의 법체계와 달리 멕시코 법체계는 프랑스나 스페인처럼 성문법 혹은 민법을 따른다.

멕시코 법률은 헌법, 법전, 연방 정부나 주 정부 및 지방자치단체가 제정한 법, 그리고 대통령령의 결합체다. 이와 같이 법체계가 복잡하고 광범위하기 때문에 사업을 추진하기 전에 잠재적인 사업상의 모험과 관계된 모든 법적 문제에 대해 명망 있는 법률 회사에 자문을 구하고 안내를 받는 게 바람직하다.

현지 변호사와 전문 번역사를 통해 스페인어와 영어로 계약서 초안을 작성하여 계약 관련 모든 문제를 확실하게 해둔 다음에 서명해야 한다.

멕시코 주재 외국인 회사의 법적 지위, 해안 지역이나 국경 지역의 부동산을 구입할 때 발생할 수 있는 문제, 그리고 관세 면제 및 과실 송금과 관련해서는 대사관이나 상공회의소를 통해 최신 정보를 얻는 게 중요하다.


## 다툼 조정

계약이나 지불을 둘러싸고 다툼이 일어났을 때 제일 먼저 해야 할 일이자 최선의 방법은 즉시 해결에 나서야 한다는 점이다. 만약 계약위반으로 소송까지 간다면 시간이 한도 끝도 없이 걸리며 과정 자체도 좌절감만 따르기에 반드시 현지에서 적절한 법률 조언을 받아야 한다. 멕시코의 법률 시스템은 느리고 법정 판결은 예측할 수 없으며 재판부가 외부의 영향에 항상 공평한 것도 아니다.

분쟁을 피하는 최선의 방법은 멕시코 업체 측과 자주 접촉하는 것이다. 꾸준히 접촉을 이어가다 보면 개인적인 유대관계가 탄탄해져 분쟁이 일어나기 전에 문제를 발견할 가능성이 높아진다. 이 말은 곧 미국이나 영국의 사업 파트너보다 더욱 긴밀한 업무관계를 맺어야 하며 그러기 위해서는 현지에 더 많은 시간을 들여야 한다는 뜻이다.

## 경영 방식

멕시코에서는 여전히 사장이 맨 위에 떡 버티고 있고 그 밑으로 층층이 단계별로 관리자들이 포진해 있는 전통적인 피라미드식 구조의 직급제가 일반적이다. 의전과 직함을 쓰는 문화가 꽤 퍼져 있다. 처음 만나는 자리라면 '세뇨르'(님)와 '우스

테드'('당신'의 격식체)로 시작하는 게 좋다. 상대가 격식체를 그만 쓰면 그때 가서 좀 더 편안한 호칭인 '투'('당신'의 비격식 단수형)로 바꾸시라.

엔지니어는 '인제니네로'라고 부르고, 4년제 대학 졸업자는 '리센시아도', 그리고 석사 학위가 있는 경영인은 '독토르'로 칭한다. 흔히들 명함에 직함을 표시하곤 한다. 외국인 사업가들은 이와 같은 용어를 잘 사용하지 않을 테지만 이런 직함들은 회사 내 서열을 말해준다.

따라서 멕시코에서 사업을 시작하고 멕시코 사람들을 고용할 생각이 있다면 이와 같은 용어를 잘 알아두는 게 여러모로 쓸모 있을 것이다.

멕시코인 직원을 채용한 외국인 사업가라면 으레 사장처럼 행동하고 직원들과 일정한 거리를 두겠거니 생각할 테지만 직원들이 걱정을 토로할 수 있을 정도로 직원들의 입장에 공감해 주기를 기대할 것이다.

멕시코의 노동법은 엄격하다. 따라서 외국인 경영자들은 출산규정, 징계절차, 고용해지뿐만 아니라 외부 위탁과 시간당 계약에 관한 구체적인 금지규정과 관련해 최신 정보를 꿰고 있어야 한다.

## • 도움이 될 만한 단체들 •

멕시코에서 사업을 하려고 하지만 현지에 좋은 연줄이 없어 불리한 입장에 있는 외국 기업체는 자국 대사관이나 영사관의 무역대표부부터 찾아가야 한다. 이들 무역대표부는 현지 관련 조언과 믿을 만한 연락책 목록을 제공해 줄 뿐만 아니라 사업 파트너, 대리인 그리고 법정 대리인을 추천해 줄 수 있을 것이다.

미 상무국은 멕시코시티와 과달라하라 그리고 몬테레이에 사무소를 두고 멕시코 투자에 관심 있는 미국 회사와 개인들을 지원해 주기 위해 정기적으로 최신의 국가상업안내서를 발행해 해당 국가의 상업 현황과 투자기회와 관련된 핵심적인 정보를 제공하고 있다.

또한 공신력 있는 기업 단체도 찾아가야 한다. 이들 단체는 해당 업계의 기업 풍토와 시장에 관한 최신 정보를 제공해 주고 신뢰할 만한 현지 파트너와 평판이 좋은 법률 회사를 안내해 줄 수 있다. 멕시코시티에 있는 주멕시코 미국상공회의소와 영국상공회의소도 그중 하나다.

## 관료주의 대처법

초보자들이 정부 기관을 상대하다 보면 몇 시간이고 줄을 서서 기다리거나 아까운 시간만 낭비하고, 전화 통화나 이메일 연락을 취하다가 좌절하기 일쑤다. 일처리를 빠르게 하려면 현지인 동업자나 관련 협회 또는 유명한 중개업체와 일하는 것도 한 가지 방법이다. 이들은 이미 연줄이 닿아 있기 때문에 거쳐야 할 형식적 절차를 통과하는 데 드는 시간을 단축시킬 수 있다. 세관을 통해 상품을 수입하거나 수출할 때 믿을 만한 현지 연락책을 확보해야 한다. 또한 멕시코 정부를 상대로 사업을 할 때는 반드시 현지 중개인을 통해야 한다.

## 부패

멕시코는 부패 문제로 시험대에 올라 있다. 특히 사법부와 경찰 및 공무원과 관련해 부패가 심각한 수준이고 범죄 조직이 활개를 치며 관리자들의 재물 취득이 만연한 지역에서 심한 편이다. 멕시코는 국제투명성기구가 발표한 부패인식지수에서 일관되게 낮은 점수를 받아왔다. 16위에 오른 미국에 비해 멕시코는 168개국 가운데 95위에 올랐다.

　국민의 삶을 망치는 부패와 면책에 넌더리가 난 멕시코인들은 공무원과 기업에게 더 높은 수준의 재정 투명성을 요구해왔다. 이에 부패행위로 비난받는 공무원들의 업무를 감사하는 일부 조치가 시행돼 왔다.

　멕시코에서 사업을 하는 외국인들은 금품 등의 유인책을 통해 공무 절차를 단축시켜 주겠다고 접근하는 개인이나 회사를 피해야 한다.


## **선물** 주기

멕시코에서 잠재적 고객과 처음 만나는 자리에는 선물을 가져가지 않는 편이다. 하지만 사탕이나 쿠키 또는 면세점에서 구입한 와인이나 위스키 한 병, 혹은 자신이 사는 도시나 나라를 소개하는 도감처럼 자국에서 일반적으로 주고받는 것들은 어색함을 누그러뜨리는 좋은 선물이 될 수 있다. 멕시코에서 선물과 고객 접대는 불법이 아니라서 크리스마스나 기념일을 맞아 고객들에게 식품 바구니나 작은 선물을 보내는 기업들이 많다. 그러나 롤렉스 시계나 금장 펜처럼 값비싼 선물은 뇌물로 오해받을 수 있으니 삼가는 게 최선이다. 멕시코에서 영업 중인 대형 다국적기업처럼 일부 회사에서는 같은 이유로 직원들에게 선물을 받지 못하도록 조치하고 있다.

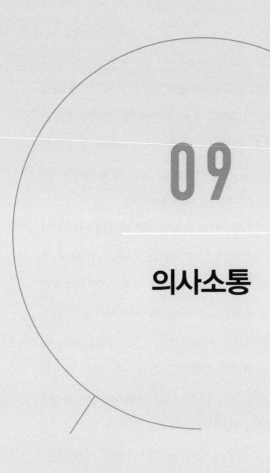

# 09

# 의사소통

멕시코에 가기 전에 스페인어를 많이 배워둘수록 유리하다. 이것저것 요청하고 답변을 알아들을 수 있을 뿐만 아니라 만나는 현지인들과 뜻깊은 교류를 할 수 있다. '올라!' 같은 간단한 인사말을 익혀 어떻게든 스페인어를 쓰려고 한다면 호감을 살 것이다.

# 언어

멕시코에는 공식 언어가 없다. 멕시코 헌법은 스페인어와 68개의 현지어를 국어로 인정한다. 물론 정부에서는 스페인어를 쓰고 인구의 약 95%도 제1언어로 스페인어를 사용한다. 원주민집단이 그들의 고유어를 제1언어로 쓰고 있는 몇몇 지역에서조차 대다수 사람들은 스페인어로 의사소통한다.

멕시코에서 쓰는 스페인어는 스페인 카스티야의 언어인 카스테야노로 알려져 있다. 다만 카스테야노는 마드리드에서 쓰는 스페인어와 여러 면에서 다르다. 첫째, 'c'와 'z'에 혀짤배기소리가 없어서 'cerveza(맥주)'를 읽을 때 '세르베사'로 발음한다. 둘째, 오르락내리락하는 억양이 있다. 이런 특징은 고대 아스텍 언어인 나우아틀어의 영향으로 할리스코 같은 중부에위치한 주들에서 가장 두드러진다. 또한 멕시코에서만 특징적으로 쓰이는 단어들도 많다. 멕시코 지도를 대충 살펴보기만해도 원주민 지역 이름들이 수두룩하다. 멕시코 스페인어는현재까지 남아 있거나 사라져버린 나우아틀어, 마야어, 푸레페차어 같은 언어들에서 나온 여러 단어들로 어휘가 풍부해졌다. 게다가 스페인 정복자들이 모르는 이름의 생명체나 음식을 접할 때마다 이름을 붙여주면서 단어가 더 늘어났다. '아구아카테(아보카도를 뜻하는 말로 어원은 아스텍어 아우아카틀ahuacatl), 토마테(토마토, 어원은 토마틀tomatl), 칠레(고추, 어원은 칠리chilli) 등은 널리 쓰이는 어휘가 된 데 반해 여러 다른 단어들은 여전히 멕시코에서만 사용된다. 멕시코시티의 힙스터들이 쿠아테(친구)에게 '만나서 풀케(선인장 수액 발효주) 한잔하자'고 말할 때 쓰는 단어들은 아스텍어다.

## [ 스페인어로 말하기 ]

멕시코에서 학교를 다니는 모든 아이들은 일정 수준의 영어 교육을 받는다. 또한 많은 멕시코 사람들이 미국에서 시간을 보내거나 식구들 중 누군가가 미국에 살고 있다. 그러나 미국 국경 지역에 살고 있는 사람들이나 관광업에 종사하는 이들 또는 돈이 많고 교양 있는 사람들을 제외하면 여행 중에 만나는 대다수 멕시코 사람들은 단어 몇 개나 "How are you?", "What is your name?", "Where are you from?" 정도만 말할 수 있다.

멕시코에 가기 전에 스페인어를 많이 배워둘수록 유리하다. 이것저것 요청하고 답변을 알아들을 수 있을 뿐만 아니라 만나는 현지인들과 뜻깊은 교류를 할 수 있다. '올라(안녕하세요)!' 같은 간단한 인사말부터 "케 온다, 구에이?(어이, 무슨 일이야?)" 같은 현지 표현 등을 익혀 어떻게든 스페인어를 쓰려고 한다면 호감을 살 것이다.

저녁을 주거나 사준 사람에게 고마움의 표시로 "사브로소, 그라시아스!(맛있게 먹었어요, 고맙습니다!)"라고 짧게나마 말해보라. 또한 "치도"라고 말하면 상대가 미소를 지을지도 모른다. 멕시코에 장기간 머무를 계획이라면 멕시코시티, 과달라하라, 몬테레이, 오악사카, 메리다, 푸에르토 바야르타, 그리고 푸에블라와 산 미구엘 데 아옌데같이 국외거주자들이 자주 찾는 지역에는 외국인에게 스페인어를 가르치는 괜찮은 학교들이 있으니 이용해 보시라. 일부 학교에서는 멕시코 가정과 연계해 홈스테이를 제공하고 있다. 홈스테이는 스페인어를 빠르게 익힐 수 있고 멕시코의 음식과 문화와 일상 등을 제대로 알 수 있는 좋은 방법이다.

【 예의범절 】

멕시코에서는 타인에게 예의를 지키고 존중하는 것을 아주 중요하게 생각한다. 사람들은 가게나 사무실에 들어가면 자리에

있는 이들에게 "부에노스 디아스" 혹은 "부에나스 타르데스"라
고 말한다.

또한 존중의 표시로 '세뇨르/세뇨라/세뇨리타'라고 부르며
어르신을 칭할 때는 이름에 '돈/도냐'를 붙인다. 젊은 여성의
결혼 여부를 모를 때는 '세뇨리타'를 쓴 뒤 당사자가 정정해 주
게 하는 것이 좋다.

소개로 처음 인사를 나누는 자리에서는 "무초 구스토(만나서
반갑습니다)" 또는 "에스 운 플라세르 코노세를레"나 그냥 간단하
게 "운 플라세르"라고 한 뒤 자신의 이름을 말하는 게 관례다.

식당이나 저녁 식사 자리에서 사람들은 다른 이들에게 "부
엔 프로베초(맛있게 드세요)"라고 말한다.

## 【 다른 언어들 】

멕시코의 68개 공인 현지어에는 150만 명이 사용하는 나우
아틀어와 75만 명 정도가 쓰는 유카텍 마야어 그리고 42만
5,000명이 사용하는 믹스텍어 등이 있다. 전부 합쳐 원주민
집단에 속한 것으로 확인되는 1,000만 명의 멕시코인들 가운
데 650만 명만이 현지어를 쓴다. 정부 차원에서 현지어를 쓰
는 이들을 지원하는 등 원주민 문화와 관습을 되살리기 위해

## • 멕시코 사람처럼 말하기 •

교과서에서 배운 스페인어로도 멕시코에서 그럭저럭 지내겠지만 멕시코인들의 삶 속으로 들어가 새로운 친구들과 어울리려면 대표적인 몇 가지 단어와 표현만으로는 부족할 수 있다. 속어 표현을 쓸 때는 언제나 조심해야 하므로 그런 표현을 쓰기 전에 듣는 이들의 성향을 잘 따져봐야 한다. 모든 멕시코 사람들이 같은 표현을 쓰는 것은 아니다. 따라서 멕시코 북부 지역에서 웃음을 유발하는 단어가 유카탄 지역에서는 기분을 상하게 할 수도 있다.

멕시코시티에 거주하는 이들을 말하는 '칠랑고스'는 가장 활발하게 비속어를 쓰는 것으로 유명하다. 칠랑고의 말을 배워보지 못한 이들이 들을 때 그들의 말이 얼마나 알아듣기 힘든지 느껴보려면 카페 타쿠바*가 부른 자이메 로페스의 노래 <칠랑가 반다>를 들어보시라. 시작 부분을 잠깐 살펴보면 다음과 같다. "야 촐레 창고 칠랑고. 케 차파 참바 테 추테스. 노 체카 안다스 데 타쿠체. 이 찰레 콘 라 차롤라(멕시코시티의 원숭이 소년아, 적당히 하지. 네가 하는 일은 정말 형편없어. 유니폼을 입은 모습이 별로야. 공식 배지는 더더욱 별로고)."

• **카구아마**(caguama)    40온스(1ℓ 남짓)짜리 병맥주

---

* 멕시코의 4인조 록밴드 – 옮긴이

- **카르날**(carnal)  친구, 여보게, 자네, 이봐

- **첼라**(chela)  맥주

- **치도**(chido)  멋진

- **프레사**(fresa)  고상한 체하는 사람, 거만한 사람, 부잣집 자식

- **구에이**(güey)  부에이(황소)에서 나온 말로 '어이, 이봐'라는 뜻.

- **이홀레**(híjole)!  '우아!', '와!' 놀람의 표현

- **오랄레**(órale)!  어서 하자! 멕시코 북부 지역에서 '오랄레, 바토(자, 어서 하자!)'라고 할 때 쓴다.

- **파드레**(padre)  멋진. 파드리시모/파드리시마: 굉장히 멋진

- **만데**(mande)?  도와드릴까요? 아마 멕시코에서 가장 많이 듣게 될 표현일 것이다.

- **나코**(naco)  저질, 값싼, 맛없는. 토토나코(원주민 집단)에서 따온 단어다. 이와 같이 경멸적인 단어에서 멕시코의 인종 및 계급 편견이 드러난다.

- **노 만체스**(no manches)!  설마! '노 마메스!'보다 공손한 표현, '구에이'와 함께 쓰인다.

많은 노력을 기울이고 있지만 몇몇 현지어는 사용자가 거의 없어 멸종 직전에 놓여 있다. 스페인이 폭력적으로 멕시코를 정복한 데다 멕시코가 1821년에 독립을 쟁취한 후에는 한 가지 언어로 통일해 국가 통합을 꾀하면서 각기 다른 130개 언어가 사라졌다.

### • 아스텍족처럼 말하기 •

아스텍 제국은 테노치티틀란이 포위당하고 스페인이 멕시코를 정복하면서 잔인한 최후를 맞았을 수도 있다. 하지만 아스텍 제국의 언어 나우아틀어는 살아남아 일상어로 쓰인다. 결국 나우아틀어의 영향 때문에 멕시코 스페인어는 스페인과 다른 라틴아메리카 나라들에서 쓰는 스페인어와 구별된다.

| 스페인어 | 아스텍어 | 한국어 |
|---|---|---|
| 카카우아테(cacahuate) | 틀라쿠카카우아틀(tlacucahuatl) | 땅콩 |
| 차마코(chamaco) | 카마우악(camahuac) | 소년 |
| 차풀린(chapulin) | 차풀린(chapulin) | 메뚜기 |
| 치클레(chicle) | 칙틀리(chictli) | 껌(씹는 껌) |
| 칠레(chile) | 칠리(chilli) | 고추 |
| 초콜라테(chocolate) | 소코아틀(xocoatl) | 초콜릿(아스텍어로 쓴 물) |

| | | |
|---|---|---|
| 코요테(coyote) | 코요틀(coyotl) | 코요테 |
| 쿠아테(cuate) | 쿠아틀(cuatl) | 친구(직역하면 쌍둥이) |
| 엘로테(elote) | 엘로틀(elo-tl) | 대에 붙어 있는 옥수수 |
| 에스쿠인클레(escuincle) | 이츠쿠인틀리(itzcuintli) | 작은 아이(직역하면 털이 없는 콜럼버스 이전 시대의 개) |
| 과카몰리(guacamole) | 아우아카모이(ahuaca-molli) | 아보카도 소스 |
| 과홀로테(guajolote) | 과할로테(guajalote) | 칠면조 |
| 메카테(mecate) | 메카틀(mecatl) | 밧줄 |
| 노팔(nopal) | 노파이(nopalli) | 식용 주걱선인장 |
| 오셀로테(ocelote) | 오셀로티(oceloti) | 오셀롯(표범과 비슷한 동물) |
| 테콜로테(tecolote) | 테콜로틀(tecolotl) | 부엉이 |
| 소필로테(zopilote) | 초필로틀(tzopilotl) | 독수리 |

## 개인 공간

멕시코 사람들은 몇몇 나라들처럼 개인 공간을 철저히 지키지 않는다. 이들은 가까이 붙어 있는 것을 좋아해서 만났을 때도 손으로 많이 만진다. 공식적인 자리에서 남자들은 미국이나 유럽에서처럼 악수를 하는데 등을 탁 치거나 심지어 친구들끼리 하는 것처럼 힘찬 포옹을 할 때도 있다. 여자들끼리 혹은 여자와 남자 사이에서는 오른쪽 뺨에 한 번 입을 맞추는 게 예의다. 이 입맞춤은 낭만적인 키스가 아니라 그냥 뺨만 대는 정도거나 입맞춤하는 시늉만 하는 것이다. 대충 손만 흔들면 거만하게 비춰질 수 있다.

## **몸짓** 언어

멕시코 사람들은 말할 때 아르헨티나 사람들만큼 활기차진 않지만 실례를 들어 설명하기 위해 손을 사용하므로 이들이 쓰는 몸짓 표현을 이해하는 게 중요하다. 경찰이 교통정리를 할 때처럼 손가락이 위쪽을 가리키는 상태로 손시늉을 해서 누군가를 부르면 무례하거나 공격하는 것처럼 비춰질 수 있다. 멕시코 사람들은 사람을 부를 때 손바닥을 아래로 향하게 해서 손가락이 아래쪽을 가리키게 만든다. 마치 한 손으로 개헤엄을 치는 것처럼 말이다.

  누군가 쩨쩨하거나 인색하다는 표현을 할 때는 보통 팔을 구부려서 팔꿈치를 톡톡 두드린다. 이와 같은 몸짓에서 인색하게 굴지 말고 지갑을 열라는 뜻의 "노 세아스 코도(직역하면 '팔꿈치처럼 굴지 마라')"라는 표현이 나왔다.

몇몇 몸짓 언어는 오해를 불러올 수 있으니 쓰지 말아야 한다. 미국에서는 힙합식으로 작별 인사할 때처럼 존중을 표하는 의미로 사람들이 주먹으로 가슴을 치거나 두드리는 모습을 흔히 볼 수 있다. 하지만 멕시코에서는 이런 몸짓을 취하면 어떤 사람이 동성애자임을 기분 좋지 않은 방식으로 표현하는 것이다.


## 대중매체

멕시코 대중매체 업계는 경쟁체제로 바뀌고 있지만 여전히 텔레비사 같은 기존의 거대 기업들이 독점하고 있는 상황이다. 라틴아메리카에서 가장 큰 미디어 복합기업인 텔레비사는 텔레노벨라(TV 드라마)와 다른 세계적인 스페인어 콘텐츠를 만드는 가장 큰 제작사이자 라틴아메리카 나라들과 미국 전역의 TV 및 유선방송업체에 프로그램을 편성해 공급하는 가장 큰 공급사다.

멕시코 대중매체와 관련해 그다지 부럽지 않은 기록을 들자면 언론인들이 심각한 수준의 폭력에 노출돼 있다는 점이다. 국경 없는 기자회RSF는 멕시코를 서반구에서 언론인이 활동하기 가장 위험한 나라로 꼽았다. 2000년 이후 100명이 넘는 언론 종사자들이 살해당했고 범죄나 부패를 조사하는 전국의 언론인들이 마약범죄 조직이나 침묵을 원하는 공무원들에게서 매일 위협받고 괴롭힘을 당한다.

## 〔 텔레비전 〕

멕시코 텔레비전을 좌지우지하는 2개의 거대 기업은 미디어재벌 텔레비사와 TV 아스테카다. 각각 2개의 전국 채널을 보유하고 있는 이들 두 기업은 매일 뉴스, 토크쇼, 잡담 쇼, 게임, 리얼리티 쇼, 스포츠 등을 방송한다. 또한 만화와 시트콤과 드라마 같은 미국 프로그램도 스페인 자막을 넣어 방송한다. 정부 또한 멕시코 음악과 예술 그리고 문화를 집중적으로 다루는 2개의 채널을 보유하고 있다.

대도시 거주자들은 점차 위성이나 미국과 캐나다 그리고 영국의 영화 채널과 다양한 영어 뉴스, 스포츠, 오락 채널을 제공하는 카블레비시온, 스카이 TV, 디렉 TV 같은 회사들의 유선을 통해 텔레비전을 보고 있다. 넷플릭스같이 최신 TV 연속극이나 영화를 바로 볼 수 있는 스트리밍 서비스가 등장하면서 온라인으로 TV를 시청하는 이들이 늘어나 멕시코 미디어 시장에 지각변동이 일어났다.

[ 라디오 ]

멕시코는 또한 라틴아메리카에서 가장 큰 스페인어 라디오 방송망이 갖춰진 나라이기도 하다. 멕시코 농촌 지역에서는 라디오가 여전히 중요한 뉴스 매체다. 멕시코 라디오 방송에서는 노르테뇨와 반다부터 마리아치, 스페인 록, 볼레로, 팝, 전자음악, 그리고 미국의 최신 인기가요에 이르기까지 모든 종류의 멕시코 음악을 들을 수 있다. 여러 교단과 복음주의 단체에서도 복음을 전파하기 위해 라디오 방송을 진행하고 있으며 원주민 단체들도 마야어와 나우아틀어 그리고 믹스텍어 방송을 전송하고 있다.

[ 신문 ]

멕시코의 신문 가판대에는 각종 신문과 잡지가 빼곡하게 꽂혀

있다. 좋은 기사를 쓰는 국내외 보도지에는 〈엘 우니베르살〉,
〈엘 에코노미스타〉, 〈엘 피난시에로〉, 〈엘 나시오날〉, 그리고 〈엘
솔 데 멕시코〉 등이 있다. 〈레포르마〉는 멕시코에서 일어나는 사
건들을 비판적으로 분석하는 기사들로 좋은 신문이라는 평을
듣는다. 주간지 〈프로세소〉와 좌파 일간지 〈라 호르나다〉 또한
같은 평가를 받는다. 이들 신문보다 가볍고 확실히 무게감이 떨
어지는 〈엘 그라피코〉 같은 선정적인 타블로이드 신문들은 가판
대에서 주의를 끌기 위해 반라의 연예인 사진이나 충격적인 범
죄 현장 또는 사고 현장 사진들로 도배돼 있다. 지역 시장과 개
별 읍면이나 도시의 독자들을 겨냥한 신문들은 수백 개에 달하
는데 그중에는 대기업에 소속된 것들도 있고 개인이 발행하는
신문들도 있다.

멕시코에는 100만이 넘는 미국인이 살고 있는데 이 수치는 세계 최대 규모다. 매일 어마어마한 사람들이 3,201km에 걸쳐 국경을 접하고 있는 멕시코와 미국을 오간다. 그렇다 보니 대도시에서 미국 간행물을 쉽게 볼 수 있다. 물론 영국 신문과 마찬가지로 그중 일부는 하루 전에 발행된 것일 테지만 말이다. 〈인터내셔널 헤럴드 트리뷴〉과 〈뉴욕 타임스〉는 신문 가판대나 산본스 같은 레스토랑 체인점에서 구할 수 있다. 〈타임〉, 〈뉴스위크〉, 〈디 이코노미스트〉 같은 국제뉴스 주간지와 다양한 생활 잡지들 또한 구독할 수 있다.

멕시코시티에 본사를 둔 〈더 뉴스〉는 월요일부터 금요일까지 발행되는 영자신문으로 멕시코시티의 관광지나 부유층 지역에서 구입할 수 있다. 또한 온라인에서도 구독이 가능하다.

미국과 캐나다 출신의 외국인들이 많이 살고 있는 지역에서는 저마다 일간지와 주간지를 발행한다. 과달라하라의 〈과달라하라 리포터〉와 할리스코 주 차팔라의 외국인거주지역에서 발행되는 〈오호 델 라고('호수의 눈')〉가 대표적이다. 산 미구엘 데 아옌데에서는 〈아텐시온〉이라는 이름의 지역 행사 일정표가 담긴 주간지가 발행된다. 그 외에도 메리다의 〈유카탄

타임스〉와 푸에르토 바야르타의 〈멕시코 뉴스 데일리〉 등이 있다.

일반전화 요금이 더 싸지만 시골 지역에서는 일반전화를 설치하는 과정 자체가 오래 걸리다 보니 많은 멕시코 사람들이 휴대전화를 사용한다. 가장 인기 있는 약정 가입 휴대전화나 선불 전화 업체는 텔셀, 에이티앤티, 그리고 모비스타다. 이들 업

체들이 사용자를 늘리기 위해 경쟁에 나서면서 요금은 하락했다. 멕시코에서도 점점 많은 이들이 휴대전화 요금을 아끼기 위해 와이파이나 광대역 접속이 가능한 곳에서 음성통화를 할 수 있는 소셜미디어 앱을 사용하고 있다.

멕시코에서 현지 심 카드로 미국이나 유럽의 휴대전화를 사용하려면 잠금을 해제해야 한다.

【 인터넷 】

멕시코의 인터넷 시장은 라틴아메리카에서 브라질 다음으로 가장 큰 규모로 2016년 현재 이용자가 5,800만 명에 달한다. 멕시코 사람들은 2013년에 통신 부문이 개방됨에 따라 점차 더 다양한 방법으로 인터넷에 접속할 수 있다. 에이티앤티와 모비스타가 고객을 두고 텔셀과 경쟁에 나서고 많은 유선회사들이 가정용 광대역과 전화와 TV를 일괄상품으로 제공하면서 치열한 경쟁과 가격 하락이 이어져 이동통신 시장은 급속하게 성장해 왔다. 많은 호텔 및 식당과 카페에서 와이파이를 이용할 수 있지만 항상 무료로 쓸 수 있는 것은 아니다. 멕시코를 찾는 관광객들도 알게 되겠지만 멕시코는 다른 많은 라틴아메리카 나라들과 달리 와이파이가 많이 보급돼 있지 않은데 시골 지역은 특히 더 그렇다. 하지만 대개 인터넷 카페가 있어서 지방 학생들은 그곳에서 숙제를 하고 게임을 하거나 온라인 채팅을 한다. 멕시코에서는 소셜미디어의 인기가 굉장히 높아 등록된 페이스북 이용자가 인터넷 이용자 수와 거의 맞먹을 정도다. 왓샙, 트위터, 스냅챗 같은 소셜미디어 앱 또한 큰 인기를 끌고 있다.

【우편】

우체국은 월요일부터 금요일까지 오전 8시부터 오후 8시까지 문을 연다. 우편서비스는 대체로 느린 편이고 신뢰성도 떨어지는데 해외로 편지나 소포를 보내거나 해외에서 오는 것들을 받을 때 특히 더 심하다. 그래서 멕시코 사람들은 국내의 여러 민간 택배업체나 DHL, 페덱스, 유피에스 같은 국제배송업체를 이용한다. 고국으로 엽서를 보내고 싶다면 대형 호텔이나 길거리 또는 공항에 있는 빨간색과 노란색 우체통을 이용하시라.

## 결론

할리우드 영화나 TV쇼 또는 잡지 등에서 멕시코 사람들과 이들의 음악과 음식이 틀에 박힌 모습으로 자주 반복해서 등장하다 보니 멕시코를 잘 아는 나라로 생각하기 쉽다. 이 책에서 보여주려고 했듯 실제의 멕시코는 훨씬 더 복잡하고 미묘하다. 멕시코 사람들은 그저 그늘에 앉아서 내일을 기다리는 이들이 아니다. 멕시코에서 중산층은 강력한 영향력을 발휘한다. 사람들은 성공하기 위해 열심히 일한다. 이들은 교육의 힘을 굳게 믿으며 라틴아메리카에서 손꼽히는 강력한 경제를 건설했다.

남성우월주의가 남아 있긴 하지만 양성평등의 수준을 높이고 성소수자들의 권리를 보호하기 위해 많은 노력을 기울이고 있다. 길게 이어진 미국 국경을 따라 자리한 주들을 중심으로 폭력적인 마약 전쟁이 벌어지고 있지만 관광객의 안전에는 거의 영향을 주지 않는 전쟁인 데다 안전 요령만 지킨다면 나쁜 일에 노출될 위험을 최소화할 수 있다.

멕시코 사람들의 정형화된 일부 이미지에는 진실도 조금 녹아 있다. 이들은 가족을 제일 우선시하며 종교적 열정과 더불어 당연한 듯 온 마음을 다해 진탕 먹고 마시며 민속 축제를 축하하기 위해서라면 기꺼이 만사를 제쳐둔다. 멕시코인들은 마리아치 음악을 깊이 사랑해서 마리아치 밴드의 트럼펫이 울리기 시작하고 익숙한 노래들이 퍼져나가면 이들의 영혼도 함께 울린다. 그러나 생기가 넘치는 가요와 록과 전자음악도 인기가 높고 쿰비아와 쿵작쿵작하는 노르테뇨도 즐겨 듣고 국경을 접한 북쪽 나라의 인기가요도 많이 듣는다.

멕시코 음식과 술 또한 사람들이 좋아할 만한 요소를 다 갖고 있다. 멕시코에서는 칠리를 넣어 매우면서도 맛있는 술안주를 맛보기 위해 멀리까지 갈 필요도 없으며 테킬라는 전국 어디서나 먹을 수 있다. 그러나 멕시코 사람들은 맥주에 라임만 꽂는 게 아니라 가장자리에 칠리가루를 묻힌 커다란 잔에 맥주를 부어 마시며, 라임을 착즙한 주스에 얼음과 조개즙을 넣어 마시고 이것을 첼라다 또는 미첼라다로 부른다. 또한 멕시코 사람들은 소금과 레몬이 들어간 테킬라를 탁자에 탁 친 뒤 한 번에 마시지 않으며 고급 브랜디를 마시듯 홀짝인다.

멕시코에서 맛보는 대부분의 음식은 입이 얼얼할 정도로 맵지 않다. 오히려 워낙 다양하고 특별해서 미로처럼 생긴 멕시코시티 재래시장에서 파는 맛있는 음식들을 다 먹어보려면 몇 주가 걸릴 정도다. 또한 여러 지역의 특색 있는 음식을 맛보겠다는 소박한 생각에서 출발한 전국 여행에서 엄청난 맛의 향연을 만끽하게 될 것이다. 멕시코의 진정한 마법은 끊임없이 놀라운 경험을 선사한다는 점이다.

끝으로 관광이든 출장이든 멕시코를 찾는 모든 이들이 이 책을 통해 이토록 역동적인 나라의 역사와 문화를 좀 더 깊이 알고 멕시코인들의 생활 방식에 깃든 따뜻함과 활력과 매력을 직접 확인했으면 좋겠다.

# 참고문헌

Azuela, Mariano. *The Underdogs*. New York: Random House, 2002.

Christenson, Allen J. *Popol Vuh: The Sacred Book of the Maya*. Norman, Oklahoma: University of Oklahoma Press, 2007.

Cortés, Hernán. *Letters from Mexico*. New Haven, Connecticut: Yale University Press, 2001.

De las Casas, Bartolomé. *A Short Account of the Destruction of the Indies*. London: Penguin Classics, 1992.

Díaz, Bernal. *The True History of The Conquest of New Spain*. Indianapolis: Hackett Publishing, 2012.

Esquivel, Laura. *Like Water for Chocolate*. New York: Anchor Books, 1995.

Fuentes, Carlos. *The Death of Artemio Cruz*. New York: FSG-Macmillan, 2009.

Greene, Graham. *The Power and the Glory*. London: Penguin Books, 2003.

Grillo, Ioan. *El Narco: Inside Mexico's Criminal Insurgency*. London: Bloomsbury Press, 2012.

Harrison, John. *1591: A Journey to the End of Time*. Swansea: Parthian Books, 2015.

Herrera, Hayden. *Frida: A Biography of Frida Kahlo*. New York: Harper Perrenial, 2000.

Leon Portilla, Miguel. *The Burning Spears: The Aztec Account of the Conquest of Mexico*. Boston: Beacon Press, 2006.

Lida, David. *First Stop in the New World: Mexico City*. New York: Riverhead Books, 2009.

Lowry, Malcolm. *Under the Volcano* (first published 1947). New York: Harper Perennial, 2010.

MacDougall, Christopher. *Born to Run: A Hidden Tribe, Superathletes, and the Greatest Race the World Has Never Seen*. New York: Vintage Books, 2011.

Paz, Octavio. *The Labyrinth of Solitude, The Other Mexico, and Other Essays on Mexico*. New York: Grove Press, 1994.

Pierre, D.B.C. *Vernon God Little*. London: Faber and Faber, 2004.

Rainsford, Catriona. *Urban Circus: Travels With Mexico's Malabaristas*. London: Bradt, 2013.

Rulfo, Juan. *Pedro Páramo*. London: Serpents Tail Publishing, 2000.

—. *The Burning Plain*. Austin: University of Texas Press, 1971.

Thomas, Hugh. *The Conquest of Mexico*. London: Harvill Press, 2004.

Tree, Isabella. *Sliced Iguana: Travels in Mexico*. London: Tauris Parke Paperbacks, 2008.

지은이

## 러셀 매딕스

러셀 매딕스는 BBC에서 단련된, 수상 경력이 있는 언론인이자 번역가이며 여행작가다. 잉글랜드 헐대학교에서 경제학과 사회사를 전공한 러셀은 지난 20년간 라틴아메리카를 여행하고 그곳에 살며 일도 했다. 가장 최근에는 BBC 모니터링부 지역 전문가로 일했다. 그는 멕시코를 수차례 두루 여행하면서 항상 새롭고 특이한 면을 찾아내곤 했다. 러셀 매딕스는 『세계 문화 여행_멕시코』 외에도 다수를 집필했다.

옮긴이

## 이정아

숭실대학교 영어영문학과를 졸업하고, 동대학원에서 영어영문학 석사 과정을 마쳤다. 현재 번역에이전시 엔터스코리아에서 출판기획자 및 전문번역가로 활동 중이다. 옮긴 책으로는 『세계 문화 여행_포르투갈』, 『서양 철학 산책』, 『촘스키의 아나키즘』, 『소크라테스와 유대인』 등 다수가 있다.

# 세계 문화 여행 시리즈

**세계의 풍습**과 **문화**가 궁금한
이들을 위한 **필수 안내서**